KB233479

부정하라

허세와 허위로 가득 찬
세상에 던지는 달콤한 독설

부정하라

신혜경 지음

마음의숲

차례

제 2장
원대한 꿈을 가진 자

제 3장
일을 놀이로 생각하는 자

《부정하라》는 긍정에 의지한 세상에서 찬밥 신세를 면치 못하는 부정의 통쾌한 항변이자 유쾌한 변론이다. 세상은 우리에게 긍정하라고 종용한다. 긍정적인 사고는 우리에게 힘을 준다며 항상 참고 용서하고 사랑하라 말한다. 많은 전문가들 또한 이에 동조한다.

그래서 우리는 때로 마음이 내키지 않아도 "네."라고 대답하고 화가 나도 미소 지으며 자신을 위장한다. 한 가지 행동을 해도 민감하게 남의 눈을 살피고 좋은 반응이 나와야만 마음을 놓는다. 그러는 동안에 우리 가슴속에는 '안 돼. 싫어.' 라는 말이 쌓이고 묵는다. 그리고 어느새 내면에 쌓인 속말은 곰팡이가 슬어 우리 표면에도 티가 난다. 사람을 대하기 껄끄러워지고 답답증이 생기는 것. 이 모두가 할 말 못하고 살기에 생기는 증상 중 하나이다.

이 책의 목적은 "부정하라. 대들라. 싸워라. 싫다고 말하라." 와 같이 차마 우리가 입 밖으로 내지 못했던 말을 외칠 수 있는 너른 터를 마련해 주는 것이다. 책 속 발칙한 한마디에 자신의 마음을 얹어 표현하여 가슴속 체증을 확 풀고 현실에 맞설 용기를 얻길 바란다.

신혜경

오늘날 분개해야 할 이유가 덜 분명해졌고 이 세상이 더욱 복잡해진 것은 사실이다. 누가 명령을 내리고 누가 결정을 하는가? 우리의 삶을 결정하는 모든 종류의 흐름을 구별한다는 게 항상 쉬운 일은 아니다. 그러나 이 세상에는 참을 수 없는 것들이 있다. 그것을 보기 위해서는 잘 바라보고 찾아야 한다. 난 젊은이들에게 말한다. "찾아보시오, 분명히 찾을 것이오." 가장 나쁜 태도는 무관심이다. "무슨 방법이 없잖아, 나 혼자 알아서 처리해야지 뭐." 당신들은 이런 식으로 행동하면서 인간을 구성하는 가장 중요한 요소의 하나를 잃고 있는데, 그것은 분개하는 능력과 그 결과로 이어지는 앙가주망사회 참여이다.

– 스테판 에셀 〈분노하라〉 중에서

제 1장 깊은 긍정을 말하는 자

모든 깊은 긍정은 깊은
부정에서 시작한다.

디오도어 루빈

부정하라

 긍정이란 무엇인가. 남들로부터 좋게 평가받고 본받을 만하다고 여기는 것은 아닐까. 그렇다면 반대의 의미인 부정이란 무엇인가. 배척하고 본받지 말아야 할 것이다. 많은 사람들은 이런 이분법적인 사고로 별다른 의심 없이 긍정의 힘을 받아들인다. 이에 당연히 부정은 멀리하게 된다.

그러나 우리가 너무나 당연하게 받아들인 긍정은 경쟁, 자본주의 사회가 만들어 낸 프레임이다. 사회는 경쟁을 부추기고 더 많은 물질을 생산해 내기 위해 사람들에게 어떤 상황에서도 긍정하라고 강요한다. 이에 사람들은 한계에 몰린 상황에서도 쥐어짜듯 긍정하려고 노력해야 한다.

이제는 긍정의 의미에서 벗어나야 한다. 무조건 긍정해야 하는 것이 사람을 얼마나 지치고 피곤하게 하는가. 긍정이 사람들이 원하는 최고의 태도가 되어 버린 지금, 우리의 마음은 부담감으로 가득 차 있다.

사람들이 스스로의 처지를 곤고하게 만들면서까지 긍정하는 이유는 대체로 세 가지가 있다. 첫째, 사회적인 압력에 의해서 '어떻게든 해야겠구나.'라고 여기는 것이다. 윗선의 요구에 긍정하지 않으면 건방지다고 욕먹고 불이익을 당할 가능성이 있기 때문이다.

둘째, 상호성의 원칙 때문이다. 받는 게 있으면 주는 게 있다는 의미의 이 원칙은 우리 사회에 아주 깊숙이 스며들어 있다. 상호부조, 물물교환 등의 상호 협조 체제는 이 원칙을 토대로 하고 있다. 이렇듯 우리는 어려서부터 이 원칙을 지키도록 훈련받았다. 그리고 이 원칙을 어길 시, 부모님 또는 선생님으로부터 꾸지람을 들었다. 이런 체험은 마음속 깊이 남아 거절에 대한 공포 심리를 조성한다. 이 두려움 때문에 사람들은 긍정을 선택한다.

셋째, 습관적으로 긍정하는 것으로 '긍정 중독'이라 볼 수 있다. 무의식적으로 긍정을 계속하다 보면 긍정하지 않아야 할 상황에도 입버릇처럼 "예."라고 말하게 된다. 그리고 뒤늦게 후회한다. 이내 자신의 마음을 억지로 긍정에 맞추면서 자아는 삐뚤어진다.

우리는 사회적으로도, 내면적으로도 긍정에 시달리고 있다. 그래서 부정이 더욱 필요하다. 부정은 과도한 긍정에 지쳐 가는 우리에게 휴식을 주기 때문이다. 꼭 그렇게 애쓰지 않아도 괜찮다는 위안을 선물한다. "반드시 하겠습니다."라고 말한 뒤 불가능한 일에 온 힘과 마음을 쏟아 부어 탈진하는 대신, "해 보겠습니다. 그러나 실패할 확률도 있습니다."라고 말하라. 그러면 만족하지 못하는 결과에 대해 불안해 할 필요가 없어진다. 오히려 느긋한 마음으로 다음에 벌어질 또 다른 실패를 준비할 수 있게 된다.

부정적인 사고를 가질 때 결국 진정한 긍정을 불러올 수 있다. 긍정에 '만약에' 라는 조건을 달아 보자. '만약에 안 될 수도 있어.' '만약에 잘못될 가능성이 있어.' 라고. 이로 우리는 현재의 상황을 다시 점검하게 된다. 그리고 더욱더 치밀하게 미래를 설계하게 된다.

부정적인 사고를 가져라. 긍정이 잘못이라는 말이 아니다. 분명히 긍정은 큰 힘을 가지고 있다. 다만 부정을 인정하라는 뜻이다. 배척이 아닌 수긍해야 부정이 에너지를 발휘하는 것이다.

의심하라

새해 벽두. 떠오르는 태양을 보며 우리는 수만 가지 소원을 빈다. 살을 빼거나 담배를 끊거나 혹은 영어를 완전 정복하겠다거나 등등. 그러나 이런 계획과 결심은 정초에만 하는 게 아니다. 매월 초 아니 하루의 아침에 우리는 어제의 나태함과 우유부단함을 탓하며 새 다짐을 한다.

그러나 새 마음가짐도 잠시, 사람들은 바쁜 일상에 치여 계획대로 행하지 못한다. 설령 새롭게 설정한 목표를 따라 실천했다 하더라도 어느새 뒤돌아보면 엉뚱한 일을 하고 있는 경우가 대부분이다. 이처럼 원한 바를 이루지 못했을 때 사람들은 자신의 나약함을 탓하고 다시 계획을 세운다.

이와 같이 수많은 사람이 계획하고 행동하고 포기하는 단계를 거듭한다. 이 무한 반복의 악순환을 끊고 싶다면 놓치지 말아야 할 마음이 하나 있다. 바로 의심이다. 아무리 계획을 잘 세웠다 해도 의심하지 않으면 돌고 도는 뫼비우스의 띠처럼 발전 없이 같은 자리를 맴돌게 된다.

목표한 바에 맞추려는 최선의 행동을 했는지 늘 의심하라. 자신의 강점을 살려서 일을 했는지, 약점은 보완했는지, 기회의 순간은 포착했는지, 위협 요소는 제거했는지. 수많은 요소를 의심하고 점검하라. 목표가 있다고 해서 자신이 원하는 바가 저절로 달성될 리 없다. 뚜렷한 목표와 계획이 있어도 아무 의심 없이 무턱으로 나가는 사람은 지도를 보지 않고 항해하는 선장과 같다.

우리가 아는 최고의 명사들은 계획, 실행, 점검의 과정으로 성공을 맛보았다. 예로 김연아는 더블

악셀과 기본적인 스핀을 집요하게 점검하고 의심하며 연습했고 허정무 감독도 축구대표팀 개개인의 운동 능력을 매일 체크했다. 그 결과 김연아는 세계 피겨계의 여왕으로 등극했고 허정무 감독은 2010년 월드컵에서 한국 최초 16강 원정 진출이라는 쾌거를 이뤄 냈다.

목표를 향해 나아가는 매 순간을 의심하고 실천 과정을 꼼꼼하게 기록하라. '이 방법이 가장 효율적일까? 쓸데없이 허비하는 일은 없는가?' 를 집요하게 묻고 그에 대한 답을 적어 내려가다 보면 길이 보인다.

거듭해서 자신에게 묻지 않으면 사소하지만 성패를 좌우하는 요소를 놓치게 된다. 예를 들어 호텔 카펫에 보풀이 일어나 있고 테라스에 손때가 꾀죄죄하게 묻었다고 하자. 이를 호텔 직원이 알아챌 확률은 얼마나 될까. 10퍼센트도 안 될 것이다. 그렇다면 이를 고객이 볼 확률은 얼마나 될까. 고객이라면 십중팔구 이를 알아차릴 것이고 이 호텔을 부정적으로 인식할 것이다.

사람은 보고 싶은 것만 보고, 믿고 싶은 것만 믿는다. 그렇기에 의심하지 않으면 더러운 환경도 깨끗한 것으로 착각한다. 결국 스스로 고객을 내쫓는 결과를 불러일키는 것이다. 묻고 또 묻자. 의심하고 또 의심하자. 그러면 '아, 이건 아니구나!' 깨닫는다. 의식적으로 안 되는 방법은 피해 가며 미래를 성공으로 이끌 수 있다.

비록 내가 원하는 만큼 진행이 되지 않아 작심삼일로 끝날 지라도 그 3일 동안 꼼꼼히 자신을 체크하라. 그러면 그동안에 축적된 능력이 4일째 날 발판이 되어 더 쉽게 목표를 이룰 수 있도록 도와줄 것이다.

싸워라

싸워야 한다. 싸워서 꼭 이겨야 한다. 싸움이란 전쟁만 뜻하지 않는다. 월드컵 경기에서 우리나라 선수들이 상대 국가 선수들과 경기를 하는 것도 싸우는 것이다. 그래서 사람들은 축구 국가 대표 선수를 태극 전사라고 부른다. 축구 경기라는 싸움에서 그들은 부딪히고 달리고 싸운다.

올림픽 각종 경기에 출전하는 운동선수 또한 전장에 나가는 병사처럼 훈련에 매진하고 경기에 임한다. 그들은 외국 선수들과 싸우기에 앞서 4년 동안 자기 자신과 싸운다. 혹독한 근력 운동을 하고 선수 간의 대련을 반복하고 식단을 조절한다. 나태해지는 자신과의 싸움을 통해 스스로를 단련하고 경기에 나간다.

싸운다는 것은 이렇듯 내 안의 연약한 내 자신을 이겨 내는 것에서부터 시작한다. 싸움에 맞서는 이가 강한 저항력과 의지력을 가지고 있다면 그는 어떠한 상대를 만나도 이길 것이다. 설령 암과 사투를 벌일지라도.

사이클경기 100년 사상 처음으로 7연패에 성공한 미국 사이클 선수 랜스 암스트롱. 그는 25세 때 고환암 판정을 받았다. 그러나 그는 이에 굴하지 않고 1년 반의 투병 끝에 이겨 내고 투르 드 프랑스에 출전했다.

이 경기는 장장 3주에 걸쳐 매일 평균 160킬로미터씩 총 3427.5킬로미터를 주파해야 한다. 알프스 피레네산맥의 까마득한 오르막길과 시속 120킬로미터의 내리막길을 달리며 체력과 인내의 극한을 시험하는 이 경기에서 그는 5연승을 거둔 후 이렇게 말했다.

"암에 걸렸을 때 나는 죽고 싶지 않았다. 마찬가지로 경기에 출전해서도 지고 싶지 않았다. 암은 죽음의 형식이 아니라 또 다른 내 삶의 일부였다."

암이 폐와 뇌까지 전이되어 살아날 가능성이 없었던 그. 고환 한쪽과 뇌 조직 일부를 도려내는 수술과 항암 치료 속에서도 그가 살아 다시 사이클 선수로 뛸 수 있었던 이유는 싸워서 이겨야겠다는 확고한 신념과 의지가 있었기 때문이다.

랜스 암스트롱처럼 싸워라. 지금 당장 주먹을 불끈 쥐고 졸음과 싸워라. 책상에 앉아 자신이 정한 목표와 한판 붙어라. 목표를 향해 돌격하라. 코피가 터지도록 싸워라. 그런 치열한 싸움 없이 이루어 낼 수 있는 일은 아무것도 없다.

이 세상과의 한판 싸움에서 이기기 위해 운동도 해야 하고 잘 먹어야 하고 많이 읽어야 하며 온몸과 마음이 건강해야 한다. 우리가 살고 있는 이곳은 단 한 번만의 싸움으로 끝나지 않는다. 입시라는 전투, 취업이라는 전투, 승진이라는 전투, 순간순간 목표와 성과를 이루어 내야 하는 전투로 이어져 있다. 그 전투에서 이겨 내 몸과 마음, 영혼이 강인해지는 것, 그 전투를 통해 더 나은 품성을 닦는 것, 그것이 우리가 이 전쟁 같은 세상을 살아가는 이유다.

힘들다고 외롭다고 남들이 아무도 알아주지 않는다고 포기하지 마라. 외로움과 싸워라. 슬픔과 괴로움과 싸워라. 때로 자신에게 몰려오는 비난과 비방에 맞서 싸워라. 그래서 이 야생이라는 들판에 스스로 명장이 되어 우뚝 서라.

딴짓하라

마이크로소프트에서 직원의 생산성과 건강 상태 등을 원격으로 감시할 수 있는 소프트웨어를 개발한 적이 있다. 직원과 경영진 컴퓨터를 무선 센서로 연결해 직원의 업무 수행 정도를 확인할 수 있도록 한 이 소프트웨어는 과연 효율이 있었을까? 아니다. 오히려 직장인의 54퍼센트가 근무 중 딴짓이 업무에 긍정적인 영향을 준다고 답했다.

이제 딴짓에 대한 부정적인 시각은 거둬라. "한 우물만 깊게 파라."는 말은 현 세대에 어울리지 않는다. 지금은 모든 것이 얽혀 있는 융합의 시대다. 전화 기능만 있는 휴대전화는 더 이상 매력적이지 않다. 애플이 내놓은 아이폰을 보라. 아이폰에는 길찾기, 이메일 확인, 메신저, 모바일 신문 등 다양한 어플리케이션이 혼재되어 있다. 이런 극과 극을 넘나드는 창의성은 어디에서 오는가. 바로 딴짓이 주는 즐거움에 있다. 기존 관념을 뛰어넘는 발칙한 행동은 새로움을 탄생시킨다.

애플의 CEO 스티브 잡스는 자신의 전공 대신 흥미로 서체 공부를 했다. 그리고 이 서체 교육을 통해 다양한 글꼴과 디자인을 가진 프로그램을 만들었다. 그는 "늘 배가 고프고, 늘 바보가 돼라. Stay hungry, stay foolish."라고 말한다. 즉 엉뚱한 짓, 딴짓을 하라는 말이다.

혹 딴짓하다 걸릴까 조마조마한가. 그럼 아예 딴짓으로 사람들을 놀라게 하라. 한 사내 연구원이 딴짓을 하다가 우연히 개발한 포스트잇처럼 말이다. 포스트잇이 개발되기 전까지 3M의 목표는 물건을 잘 접착시키는 것에 고정되어 있었다. 그러나 엉뚱한 실험으로 3M의 목표는 '얼마나 쉽게 붙이고 뗄 수 있는가.' 로 바뀌었다.

이런 창의력이 타고나는 것이라 생각하는가. 그러나 이는 천재에게만 특정된 재능이 아니다. 우리 모두 창의력을 잠재하고 있다. 단지 상상한 것을 실험하지 않았을 뿐이다. 창의력도 훈련과 연습을 통해 발휘된다. 남들이 황당하게 여기더라도 예상 밖의 시도, 딴짓을 해야 되는 이유가 여기에 있다.

창의력은 반드시 실행의 과정을 거쳐야만 탄생된다. 아이디어를 실제로 구현하지 않는다면 이는 공상일 뿐이다. 그런 면에서 딴짓은 창의력을 키우는 아주 유용한 방법이다. 딴짓의 과정 모든 부분이 창의력과 연관되어 있기 때문이다. 첫째, 자신의 분야를 벗어나 딴짓을 하면 문제에 맞닥뜨린다. 둘째, 평범한 사고방식을 탈피해 다양한 관점에서 이를 분석한다. 셋째, 상상력과 독창력을 이용해 아이디어를 정교하게 실체로 만들어 간다.

　창의력을 발산하는 딴짓으로 승부를 걸라. 여기 저기 가 보라. 해 보라. 우물물은 고이게 마련이다. 물을 흘려보낼 구멍을 만들어라. 시키는 대로, 원하는 대로 움직이지 말고 다르게 생각하고 행동하라. 딴짓을 할 때, 시간은 고속으로 흘러가고 당신의 창의력 또한 거침없이 흘러나올 것이다.

까칠하라

 나쁜 남자가 대세다. 아니 정확히 말하면 까칠한 남자가 인기를 끈다. 여자도 마찬가지다. 말 잘 듣는 착한 여자보다 약간은 까다로운 여자가 매력적이다. 대중의 호불호를 뚜렷이 나타내는 드라마에서 이런 경향은 더욱 두드러진다. 극중의 남자 주인공은 상대를 가리지 않고 독설을 퍼붓는다. 또한 여자에게 무관심하고 냉소적인 말투를 툭툭 내뱉기 일쑤다. 한 단어로 표현하자면 그들은 밉상이다. 그러나 사람들은 모난 그들을 싫어하지 않는다. 오히려 더욱 반기며 호감을 갖는다.

왜 그럴까? 그 이유를 미국 패션 잡지 보그의 편

집장 안나 윈투어에서 찾아볼 수 있다. 그녀는 20여 년 동안 패션 디자이너와 패션 업체의 생살여탈권을 쥔 막강한 여제로 군림해 왔다. 깐깐하고 까칠한 그녀는 '얼음공주, 핵폭탄'으로 불릴 정도다. 편집장으로서 그녀는 좋은 게 좋은 거라고 생각하지 않고 문제점을 정확하게 집어낸다. 그리고 타인의 반대에도 냉혹하게 수정을 가한다. 그러나 그녀는 사람들에게 손가락질 당하지 않고 오히려 환대받는다.

그녀가 사랑받는 이유는 바로 일에 대한 확실한 목표를 가지고 옥석을 가려내는 눈, 잘못된 점을 당당히 말하는 입, 어그러진 방향을 다시 고치며 실천하는 손과 발이 있기 때문이다.

이유 있게 까칠해져라. 그러기 위해서는 먼저 문제의 본질을 꿰뚫어야 한다. 이런 통찰력은 자신을 철저하게 평가하는 것부터 시작한다. 자신의 능력을 올바르게 헤아릴 때 비로소 주위 상황을 침착하게 볼 수 있다. 정당하게 까칠해지기 위해 가져야 할 제1법칙, 그것은 자신을 제3자의 눈으로 바라보는 태도이다.

현미경으로 관찰하듯 자신을 본 뒤 문제를 말하라. 그러면 자신이 어느 부분을 해결할 수 있는지, 없는지가 보이고 어떻게 보완해야 할지 파악이 된다. 철저한 자기 객관화를 통한 지적은 상대방의 공격에도 당당하다. 또 타인의 분노와 비난에도 중심을 잃지 않고 차분하게 문제 해결의 실마리를 찾는다.

정당한 이유 없이 현 상황을 문제 삼는 것은 노처녀의 히스테리에 불과하다. 객관적인 시선으로 관찰한 프로젝트의 취약점을 말하라. 물론 일의 허점을 지적하는 순간, 사람들은 방어기제를 발동해 당신을 힐난할지 모른다. 그러나 그들은 이미 그 일의 불안 요소를 알고 있다. 단지 자신의 안위를 위해 말하기를 꺼려 쉬쉬 했을 뿐이다.

그런 이들과 맞서 싸워 뛰어난 성과를 얻을 때, 당신의 까칠함은 매력이자 능력으로 비칠 것이다. '까칠한 사람 = 능력 있고 카리스마 있는 사람'이 라는 공식과 함께 말이다.

무지는 결코 악을 낳지 않는다.
위험한 죄악을 낳는 것은 다만
오류에 대한 관념이다.

루소

문외한이 되어라

1960년에서 1980년대 한국 사회의 척박한 상황을 견뎌 내기 위한 방법은 '앎', 즉 지식이었다. 부모는 알지 못해 받았던 설움과 멸시를 자식에게 물려주고 싶지 않아 더욱더 교육에 열을 올렸다. 고된 생활고 속에서도 '아는 게 힘'이라며 자녀를 공부시켰다. 어머니 당신보다 더 많이 아는 아들은 더 나은 생활을 할 거라고 굳게 믿으며 자식 뒷바라지에 힘썼다. 이런 부모의 신념은 문맹률이 반 이상이었던 시대에 더욱 빛을 발했다.

그러나 이제 상황은 변했다. 7남매 중 한두 명만

대학에 들어가던 과거와 달리 이제는 대학 진학율이 84퍼센트에 이른다. 이제 너도나도 정규교육을 이수한 지식인이라 말할 수 있을 정도다. 그만큼 우리는 너무 많은 정보와 교육이 넘치는 세상에서 살고 있다. 인터넷만 해도 수만 가지 정보가 쌓여 있고 광고에서, 신문에서 끊임없이 정보를 전달한다. 그런 가운데 무식하다는 것은 치욕이고 수치가 되어 버렸다.

그러나 남들보다 어설프게 더 아는 선무당보다 무식한 사람이 되는 게 차라리 낫다. 물론 모른다고 손가락질 받는 게 두려울 수 있다. 그러나 세상의 어느 누구도 모든 지식을 다 알 수 없다. 만약 누군가가 모든 것을 알고 꿰뚫고 있다고 말한다면 이는 허세일 가능성이 높다. 주위 사람보다 조금 더 알기는 쉬우나 어느 분야에 대해 전문적 지식을 갖추는 일은 어렵기 때문이다.

그러니 모르는 것을 당당히 여겨라. 앎은 모르는 것을 인정하는 데서 나온다. 창피해서 혹은 자존심을 굽히기 싫어서 오기로 아는 척하며 넘어간다면 이는 손해다. 설령 모른다고 핀잔을 받고 창피함을 당한다 해도 그 순간은 잠깐일 뿐이다. 찰나의 굴욕으로 올바른 지식을 평생 가질 수 있다면 오히려 이익이다.

한국 만화의 산증인이며 사극 만화〈머털도사〉, 〈장독대〉 1인자로 이름 높은 이두호 화백은 "나를 키운 건 8할이 무식."이라고 말했다. 초등학생 시절 자신을 돌봐 주던 미술 선생님이 전근을 가자 그를 쫓아 무작정 남의 학교로 등교해 미술을 배웠던 이두호 화백. 그는 모르는 것을 두려워하지 않았다. 그리고 아는 척하며 모르는 것을 무식으로 남겨두지 않고 진정한 유식으로 바꾸었다.

"무식하면 용감하다."라고 누가 말했던가. 이제

는 용감하게 무식해야 한다. 오히려 용기 있게 무식한 티를 내어 보는 것도 나쁘지 않다. 모르는 것을 모른다고 말하지 않는 자는 평생 그 지식에서 벗어날 수 없다. 그러나 솔직하게 무식함을 드러낸다면 지식은 꼬리를 물고 당신을 찾아올 것이다.

빈둥대라

전국 게으름쟁이 회의National Convention of the Idle가 있다고 하면 믿을 수 있을까? 아마 대부분의 사람들은 무슨 얼토당토아니한 말이냐고 웃을 것이다. 그러나 이는 실제로 있었던 일이다. 2004년 이탈리아에서 열린 이 회의는 게으름이 주제였다. 회의 참석자들은 30분 이내의 짧은 세미나와 긴 낮잠 시간을 여유롭게 즐겼다.

부러운가 아니면 한심스러운가? 만약에 혀를 쯧쯧 차고 있다면 당신이 어린 시절 읽었던 동화 속 '개미와 베짱이' 논리에 익숙해져 있다는 증거다.

우리는 개미처럼 쉴 틈 없이 일해 온 부모 아래에서 자라 성인이 되었고 그 결과 '한강의 기적'이라는 놀라운 성과도 보았다. 그래서인지 우리 사회에는 일개미만 환영하고 베짱이는 용납하지 않는 이분법적 사고 분위기가 흐르기 시작했다.

하지만 분초를 다투며 회의와 업무에 시달리는 우리에게 가장 필요한 것은 바로 이 게으름일지도 모른다. 한때 우리 사회에 신조어로 대두되었던 '귀차니즘'은 병적으로 어떤 일이든 하기를 싫어하는 사람들을 대변했다. 이는 데드라인을 정해 두고 시간과 끊임없이 싸우느라 지친 우리를 일어나게 할 묘약은 느림과 무위無爲라고 말하는 듯하다.

시간을 다투며 아귀처럼 할 일이 밀어닥쳐도 손을 가만히 내려놓고 걸음의 속도를 반으로 늦춰 보라. 아주 잠시만 의자에 기대 앉아 처리해야 할 일거리, 걱정거리를 모두 내려놓아 보자. 그러면 우리를 괴롭히던 근심과 압박감이 썰물처럼 몸속에서 빠져나가고 마음에는 안전이 찾아올 것이다. 편안한 상태가 되는 것이다.

무위자연 사상으로 유명한 장자가 이렇게 말했다.

"발뒤꿈치를 들면 오래 서 있지 못한다."

무언가에 쫓기듯 종종걸음 치는 삶은 언젠가 망가진다는 말이다.

실제로 우리는 매일 많은 일을 하고 있다. 그러나 깨닫지 못하고 자신의 몸을 혹사시키면서까지 일에 매달린다. 그러나 이제 우리 자신에게 쉼을 주자. 죽도록 일하고, 죽도록 먹고, 죽도록 쓰는 삶에서 잠깐 비켜서자. 가볍게 장난도 치고, 노래도 흥얼거려 보는 것은 어떨까? 일만 아는 개미에서 여

흥과 풍취를 아는 베짱이가 되는 것도 나쁘지 않다.
이제 주저 말고 쉬어 보자.

촌스러워져라

요즘은 세련된 남성과 여성이 주목받는 시대
다. 도시적인 분위기가 물씬 풍기는 깔끔하고 모던
한 사람들이 일을 주도한다. 그래서 "당신은 참 세
련돼 보이는군요."라는 말은 곧 능력 있다는 말과
똑같이 여겨진다.

스타일로 무장한 이들은 어쩐지 철두철미한 에
너지를 가지고 있을 것 같다. 일 처리도 날카로우며
예리할 것 같다. 사람들은 실제 능력과 관계없이 세
련된 이미지를 가졌느냐 그렇지 못하냐에 따라 타
인을 평가한다.

세련된 이들이 판치는 세상에 세련되지 못한 이

는 억울하다. 세련되게 꾸미는 방법을 몰라서 주눅이 든다. 꼭 세련되어야 하나 의문을 갖는 누군가에게 과감히 말하고 싶다. 촌스러워져라!

〈악마는 프라다를 입는다〉라는 영화가 있다. 명문 대학을 졸업한 소도시 출신 앤드리아 삭스는 저널리스트가 되기를 꿈꾸며 뉴욕에 상경한다. 대학에 다닐 때 편집장도 하고 상도 받았던 그녀는 자신감에 차 뉴욕의 여러 언론사에 이력서를 넣지만 매번 떨어진다.

그나마 응답이 온 곳은 세계 최고의 패션지 〈런웨이〉 편집장의 비서직. 앤드리아는 패션의 '패' 자도 모르고 〈런웨이〉가 어떤 잡지인지, 그곳 편집장이 패션계에서 얼마나 유명한지 전혀 모르지만 뉴욕에서 꼭 성공하겠다는 열정 하나로 면접을 보러 간다.

그러나 면접 날부터 앤드리아는 온갖 무시를 당

한다. 그녀의 옷차림은 패셔너블한 그곳 직원에 비해 너무 촌스러웠다. 그리고 앤드리아가 모셔야 할 편집장 미란다 프리슬리는 마치 지옥에서 온 악마같이 괴팍하고 매섭다. 그녀는 패션계에서 일하면서 세련되지 못하다며 앤드리아를 모욕한다. 그래도 앤드리아는 수차례 이어지는 상사 미란다의 부당한 요구를 감당해 나간다.

패션계에서 살아남는 법을 터득한 앤드리아는 촌스럽고 통통한 모습을 탈피하기 위해 갖은 노력을 한다. 앤드리아는 점차 세련된 패션스타일을 갖추고 다이어트를 하여 66사이즈에서 44사이즈의 몸매를 가질 정도로 날씬해진다. 드디어 앤드리아는 누가 봐도 매력적인 세련된 커리어우먼으로 다시 태어난다. 그러자 악마 같았던 미란다도 그녀를 인정하고 화려한 패션계에서 제대로 활약할 수 있도록 기회를 준다.

하지만 정작 오랫동안 그녀를 지지하고 지켜봐

주던 아버지, 남자친구를 비롯한 많은 친구들은 하나둘 곁을 떠난다. 경쟁 세계에 길들여져 인간 냄새가 나지 않는 앤드리아가 낯설고 못마땅했기 때문이다.

앤드리아가 일하는 패션계는 사람이 사람을 짓밟고 올라서야 하는 암투와 경쟁이 존재한다. 타인에게 당하지 않기 위해 먼저 뒤통수를 쳐야 한다. 패션계에서 자신을 몰아내려는 음모를 미리 알고 이를 대비하는 상사 미란다의 '맞불 작전'은 소름이 끼칠 정도로 치밀하다. 그런 미란다 그녀에게도 촌스러웠던, 인간미가 있었던 때가 있었다. 그러나 살벌하고 냉정한 경쟁 논리에 대응하기 위해 그녀는 점점 더 세련되어져 갔다.

어느 누구도 함부로 대하지 못하는 패션계의 유명 인사가 된 미란다. 하지만 그녀는 외롭다. 두 차례의 이혼을 감당하면서 울기도 많이 울었으면서도 자신의 사적인 생활이나 나약한 모습을 외부에

드러내지 않는다. 나도 사람이라고, 감정을 가져서 힘든 일을 겪으면 한없이 나약해지는 인간이라고 말하고 싶지만 이미 세련된 사람으로 포장되었기에 타인과 자신을 속이며 살아간다.

미란다를 늘 곁에서 지켜본 앤드리아는 이대로 가다가는 자신도 그녀처럼 될 것 같아 두려워진다. 저널리스트를 꿈꾸었던 앤드리아는 미란다처럼 겉으로만 화려하고 세련된 삶을 사는 것을 원하지 않았다. 결국 앤드리아는 세련된 세계를 거부하고 제 길을 간다. 신나고 당당한 걸음으로 한가득 미소를 머금은 채 촌스러운 세계로 발걸음을 돌린다.

촌스러운 게 오히려 매력이자 이득이 될 수 있다. 냉혹한 경쟁 논리에 길들여져 인간다운 삶을 잃어버리고 싶지 않다면 굳이 아등바등 세련되려고 애쓰지 마라. 애써 자신을 포장할 필요 없다. 촌스러운 모습이 자신이라면 있는 그대로 승부하라. 언

젠가 포장이 벗겨지고 알맹이가 기대에 미치지 못
해 실망을 주는 것보다 인간적이고 촌스러운 본모
습 그대로 당당히 세상을 헤쳐 나가는 자세가 더 멋
지다.

촌스러워져라! 촌스럽더라도 솔직한 자신의 모
습 그대로 냉혹한 경쟁 세계에서 살아남는 이가 진
짜 프로다. 설사 처음에는 주목받지 못하더라도 차
차 세상은 알 것이다. 촌스러운 사람이 진짜 인간
냄새나는 진국임을.

하지 마라

 해야 할 것들로 가득하다. 그리고 우리는 자의 또는 타의로 '하라!'를 강요당하고 있다. 사람들의 하루 일상을 살펴보자. 제일 먼저 아침에 일찍 일어나야 한다. 세수를 해야 하고, 밥을 해야 하고, 입고 나갈 옷을 골라야 하고, 차를 타고, 출근해야 하고, 집 안을 청소해야 하고, 회사에서 업무 보고를 해야 하고, 회의를 해야 하고, 전화를 받아야 하고, 일해야 하고, 점심 먹으러 나가야 하고, 미팅 잡아야 하고, 공부해야 하고, 숙제해야 하고, 학원에 가고, 잘해야 하고, 일등 해야 하고, 빨리해야 하고, 발전해야 하고, 만들어야 하고, 휴가 가야

하고, 개발해야 하고, 사고, 넓혀야 하고, 높아져야
하고…. "해야 해! 해야만 해!" 속에서 살고 있다.
　문득 시인 안도현의 〈가을의 소원〉이라는 시가
읽고 싶어진다.

　　적막의 포로가 되는 것

　　궁금한 게 없이 게을러지는 것

　　아무 이유 없이 걷는 것

　　햇볕이 슬어놓은 나락 냄새 맡는 것

　　마른풀처럼 더 이상 뻗지 않는 것

　　가끔 소낙비 흠씬 맞는 것

　　혼자 우는 것

　　울다가 잠자리처럼 임종하는 것

　　초록을 그리워하지 않는 것

　　적막한 것이 두렵지 않고 궁금한 것 없이 게을러
지고 목적 없이 천천히 걸어 보며 사는 게 소원이란
다. 할 것 없고, 해야만 하는 강요가 없는 그런 적막
속에 포로가 되어 잠시 살고 싶다. 여기 윌리엄 헨
리 데이비스의 또 한 편의 시가 있다.

근심에 가득 차

가던 길 멈춰 서서

잠시 주위를 바라다볼 틈도 없다면

얼마나 슬픈 인생일까?

나무 아래 서 있는 양이나 젖소처럼

한가로이 오랫동안 바라볼 틈도 없다면,

숲을 지날 때 다람쥐가 풀숲에

개암 감추는 것을 바라볼 틈도 없다면,

햇빛 눈부신 한낮,

밤하늘처럼 별들 반짝이는 강물을

바라볼 틈도 없다면,

아름다운 여인의 눈길과 발

또 그 발이 춤추는 맵시를 바라볼 틈도 없다면,

눈가에서 시작한 그녀의 미소가

입술로 번지는 것을 기다릴 틈도 없다면

그런 인생은 불쌍한 인생,

근심으로 가득 차

가던 길 멈춰 서서

잠시 주위를 바라볼 틈도 없다면.

일하지 마라. 공부 좀 그만해라. 돈 벌지 마라. 개발하지 마라. 승진하지 마라. 숙제하지 마라. 학원 가지 마라. 빨리 하지 마라. 때로 이런 말이 너무 그립다.

신문을 읽지 않으면
나는 마음이 태평하고 자못
기분이 좋습니다.
사람들은 너무 남의 일에만
신경을 쓰고 자기 눈앞
의무는 잊어버리곤 합니다.

괴테

이기적으로 계산하라

언젠가 도서관에서 열심히 공부하는 고3 수험생의 책상을 본 적이 있다. 그 학생의 노트에는 이런 글이 적혀 있었다.

"열심히 공부하면 미래 신랑의 얼굴이 바뀐다."

자신을 추스르고 채찍질하는 문구들이 눈에 띄었다. 그중에서 내 눈길을 확 끌었던 것은 바로 이 말이었다.

"이기주의, 자기중심. 그게 왜 나빠? 웃으면서 죽기 위해 살고 있는데."

학생이 써 놓은 글에서 치열함과 독할 정도의 자기애를 보았다. 그리고 문뜩 깨달았다. 인생의 마지막에 후회 없이 웃기 위해서 필요한 것은 다름 아닌 '이기주의'라는 사실을. 심한 생각도 아니다. 요즘은 한술 더 떠 이런 말도 유행한다. 인터넷 포털 사이트인 네이버에서 인물 검색을 해 나오지 않는 인물과는 결혼 자체를 하지 말라는.

이런 이기주의의 가장 큰 특징은 바로 계산하는 것이다. 우리는 득과 실을 따지고 철저히 이익 중심으로 사는 사람을 이기주의자라고 부른다. 이에 하나 더 보탠 똑똑한 이기주의자가 되어야 한다. 자신의 재능, 현재 상황을 돌아보고 무엇을 빼고 더해야 할지 명확하게 계산하며 말이다.

삶에서 계산은 꼭 필요하다. 계산하지 않고 그저 삶의 흐름에 따라 살다 보면 우리가 갖고 있는 능력과 기회는 바닥을 드러낼 것이다. 마치 무턱으로 사고 싶은 것을 다 사고 보니 통장 잔고가 0을 가리키고 있는 것처럼 말이다.

치밀하게 계산하고 생각하자. 삶에서 주어지는 모든 것을 찬찬히 살펴보고 아깝게 새어 나가는 시간과 에너지를 줄이자. 멍하게 텔레비전을 보는 시간도, 타인의 감정과 생각에 맞추기 위한 저녁 약속도 정말 필요한지 한 번쯤 체크해 볼 필요가 있다.

단, 손익을 맞춰 볼 때 주의해야 할 점이 있다. 당장에는 달콤한 것처럼 보이나 나중에는 독이 되어서 돌아올 경우를 염두에 두고 계산해야 한다. 예를 들어 직장 내에서 자신의 편안함을 위해 독단적인 행동을 한다고 치자. 그 순간 내가 원하는 대로 행동해서 좋을 수는 있겠지만 결국 팀 전체의 조화를 깨뜨려 효율 및 자신의 성과까지 낮추는 결과를 가져올 것이다. 나를 중심으로 생각하되 한 수 더 앞을 내다보고 계산하는 똑똑한 이기주의자가 되자.

기다리지 마라

사람들은 기다리겠다는 말을 참 많이 한다.

"운명적인 사랑을 만날 때까지 기다리겠어."

"내가 원하는 회사에 취직할 수 있을 때까지 기다리겠어."

"아직은 성급히 창업할 때가 아니야. 좀 더 기다리겠어."

언제까지 기다리려고 하는가. 운명적인 사랑? 만약 기다리고 또 기다렸는데도 그 운명을 만나지 못하면 어쩔 텐가. 취직하고 싶은 회사? 너도나도

그 회사에 들어가려고 혈안이 되어 있다. 또 회사가
곧 당신을 채용할 예정이니 이력서를 준비해 놓으
라고 알려 줄 리 없다. 성급히 움직일 때? 때가 따
로 있는가. 대체 그 때가 언제인가.

운명적인 사랑을 만나고 싶은가. 언젠가 나타나
겠지 하며 아무 노력도 하지 않고 세월을 보내는 청
춘보다 한시라도 빨리 짝을 찾기 위해 자신을 갈고
닦는 모습이 더 아름답다. 동호회, 종교 단체, 하다
못해 길거리에서도 운명을 만날 수 있다. 그런데 기
다리기만 하니까 문제다. 운명을 기다린다고 주말
에 방 안에 틀어박혀 텔레비전만 보고 있으면 누구
도 만날 수 없다.

일단 나가라. 동호회에 가입하고 교회나 성당,
사찰에 가서 기도도 해 보라. 곳곳에 다니며 쇼핑도
하고 사람들을 관찰하라. 원한다면 행동하라. 하늘
이 감복해서라도 운명이 "저기요." 하고 말을 걸 것

이다.

취직하고 싶은가. 원하는 회사에서 채용 안내를 올릴 때만 손꼽아 기다리지 마라. 준비하라. 그 누구도 갖출 수 없는 스펙과 이미지를 갖춰라. 미리 해야 한다. 입사하고 싶은 회사의 성격을 조사하고 치밀하게 파고들어라. 채용 안내를 접했을 때 가장 먼저 이력서를 낼 수 있을 정도로 자신만만한 사람이 되어 있어라. 기다리지 않고 먼저 준비한 자만이 선택받을 수 있다.

창업하고 싶은가. 한국 경제 절체절명 위기의 순간 IMF, 모 잡지가 창간됐다. 모두 돈 되는 일도 아니고 심지어 밥벌이조차 되지 않을 일이라고 기피했다. 그리고 주위 사람들은 얼마 못 가서 폐간될 거라고 이야기했다. 그러나 어렵고 힘든 사람들의 이야기가 실려 있는 이 잡지는 권당 2천 원에 판매됐는데 엄청난 속도로 입소문을 탔다. 저렴한 가격으로 자신보다 더 힘든 환경에 처한 사람들의 이야기를 읽고 용기와 희망을 얻는다는 콘셉트가 한국 사회에 먹힌 것이다.

기다리지 마라. 아이디어가 있다면, 성공할 수 있는 자신감이 있다면, 경제 불황이라는 말이 귀에 딱지가 앉도록 들려와도 할 수 있다. 이때 준비성과 행동력이 동시에 필요하다. 남과 다른 아이디어를 준비하고 때를 이용할 수 있는 행동력, 그것을 갖췄다면 기다리지 마라.

집착하라

　　새하얀 가운을 입고 청진기를 똑바로 목에 건 의사, 깔끔하게 넥타이를 매고 단정하게 정장을 차려 입은 영업사원을 보면 심적으로 믿음이 간다. 그들의 깊은 속내나 능력은 자세히 알지 못해도 그들의 일부분인 옷차림으로 지레 짐작을 하는 것이다.

　　'저렇게 깨끗한 가운을 입고 있는 의사는 분명 실력이 좋을 거야.' 혹은 '셔츠 깃이 빳빳하게 세워진 저 영업 사원은 작은 것도 놓치지 않는 세심함이 있는 게 분명해.' 라고 말이다. 위 사실에서도 알 수 있듯이 우리는 아주 사소한 것에도 민감하게 반응

한다. 즉 사람들은 조그만 사항에도 예민하게 반응하고 그에 따른 판단도 빠른 편이다. 그리고 그 판단이 옳든 그르든 간에 이미 결정된 생각은 변하지 않는다. 그렇기 때문에 우리는 디테일과 기본에 집착해야만 한다.

물론 때로는 디테일에 대한 집착이 답답하게 느껴질 때도 있다. 어쩌면 하나하나 따지고 분석하고 검사해야 하는 것이 피곤할 수도 있다. 하지만 작년 일본 도요타 자동차 연쇄 리콜 사태만 보아도 디테일의 중요성을 느낄 수 있다. 도요타 자동차의 결함은 2007년 3월부터 도요타 소비자 고객 센터에 "비정상적인 소리가 난다."와 같은 불만이 접수되었고 이는 상부에 보고되었다. 그러나 도요타 측에서는 미리 예방하지 않고 이를 그저 보기 드문 현상으로 치부했다.

작년 초 2007년으로부터 3년이나 지난 후 북미 소비자의 불만이 폭발적으로 제기되자 도요타는 뒤늦게 리콜을 실시했다. 이 사건으로 인해 도요타의 장인 정신과 강한 디테일로 대표되는 기업 이미지는 완전히 무너졌고 고객의 신뢰감은 바닥으로 떨어졌다.

이처럼 아주 작은 부분의 실수라도 그 결함은 눈덩이처럼 커져 개인 또는 기업을 위협한다. 특히 사회에서 '100-1=99'가 아니다. 한 가지 흠은 이루어 놓았던 전체를 추풍낙엽처럼 떨어뜨린다. 지극히 작은 것이라도 집착하라. 가느다란 흠집, 깨진 구멍 사이로 달성한 모든 것이 빠져나간다.

이와 반대로 99에서 마지막 1을 더해 100을 만들고 싶다면 어떻게 해야 할까. 이에 대한 답 또한 집착에 있다. 사람은 하나를 보면 열을 안다고 말한다. 즉 누군가를 처음 만날 때 아주 사소한 것 하나

하나를 보며 의미를 부여한다. 들고 온 가방, 신고 온 구두, 헤어스타일, 액세서리, 행동과 말투 등의 소소한 것으로부터 상대방이 어떤 사람인지 가늠한다.

고객이 제품을 판단할 때도 이와 같다. 온라인 게임 사용자의 경우 인터페이스를 숨기고 싶다, 시점이 불편하다, 화면이 어둡다 등의 다양한 요구를 가지고 있다. 이런 사소한 불편을 기업이 얼마만큼 빠르게 알아차리고 대응하는지가 게임의 성패를 가른다. 즉 소비자의 입장이 되어서 제품의 작은 부분까지 세밀하게 신경을 쓰는 것. 그것이 고객의 마음을 얻는 방법이다.

경제학자 슘펜터는 '오직 편집증이 심한 사람들만이 살아남는다.'고 말했다. 그의 말처럼 이 치열한 사회에서 디테일에 집착하는 사람으로 경쟁력을 키우자.

울어라

남자는 태어나서 세 번만 울어야 한다고
그랬다. 누가 그런 말을 했을까. 눈물이 없다는 것
은 감정이 메말랐다는 증거다.

굶주리는 아이들을 보고 울지 않는다면, 전쟁터
에서 죽어가는 사람들을 보고 울지 않는다면, 지구
의 생명이 무참하게 사라지는 것을 보고 울지 않는
다면, 돈이 없어 치료받지 못해 아픈 사람을 보고
울지 않는다면, 실종된 어린 자녀 때문에 안타까워
하고 있는 부모들을 보고 울지 않는다면, 추운 겨울
지하철 계단에서 쪼그리고 앉아 있는 노인을 보고
울지 않는다면, 실패한 친구가 절망에 빠져 힘들어

하는 것을 보고 울지 않는다면….

　이 세상에는 우리가 보고 울 일들이 너무도 많다. 울고 참회해야 할 일들이 많다. 신문 기사를 만드는 사람도, 뉴스를 말하는 사람도, 그것을 보는 사람도 울어야 한다. 왜 울지 않는 것인가. 분노하지 말고 울어라. 소리 높여 외치는 것은 사람들에게 경각심만 일깨울 뿐, 마음을 움직이지 못한다. 그러나 울음은 상대방의 메마른 마음을 적시고 행동하도록 만든다.

　울어야 사회가 변하고 사람이 변한다. 무감각하고 조그만 일에도 공격성을 표출하는 사람이라면 자주 울어라. 울어야 쌓였던 울분이 씻겨 나가고 마음이 안정된다. 울음은 세포 구석구석 산소를 공급해 주며 깊이 멍울졌던 몸과 마음을 치유해 준다. 저 늑골 깊숙이 감춰져 있던 상처, 아픔마저도 토하게 한다.

우는 순간, 사람들은 마음의 짐을 내려놓는다. 억압된 것으로부터 해방되고 자유하게 된다. 그리고 새 출발을 한다. 이전과 다르게 다시 태어나는 것이다. 즉 울음은 모든 생명의 근원이다.

울어야 할 이유가 이렇게 차고 넘치는데 아직도 우는 것이 창피한가. 그렇다면 모든 언어의 첫 시작이 울음이라는 것을 기억하라. 아이가 태어나서 가장 먼저 하는 표현은 울음이다. 울음으로 자신의 욕구를 말한다. 아니 아이뿐만 아니라 모든 생명은 울어서 자신의 존재를 드러낸다.

새가 운다, 매미가 운다, 개구리가 운다, 황소가 운다…. 이와 같이 울음은 당당한 의사표현의 하나다. 부끄러워하거나 숨길 것이 아니다. 나약함의 상징이 아니다. 슬퍼서 눈물을 흘려본 자만이, 힘들고 절망스러워서 울어본 자만이 다시 일어난다. 그리고 세상을 직시한다.

울어라. "눈물을 보이지 말라."는 말은 이제 사
라져도 좋다. 눈물이 없는 황폐한 사회와 사람들 앞
에서 눈물을 보여라.

제 2장 원대한 꿈을 가진 자

우리 모두 현실주의자가 되자.
그러나 가슴속에는 원대한
꿈을 가져라.

체 게바라

미뤄라

"아침 먹고 땡, 점심 먹고 땡, 저녁 먹고 땡. 창문을 열어 보니 비가 오네요. 아이고. 무서워. 해골바가지."라는 노래를 아는가. 아침 먹고 후다 닥 출근하고 일하다, 점심 먹고 다시 업무에 치이다 돌아와 저녁 먹고, 그러다 보면 하루가 후딱 지나간 다. 잠깐 숨 돌려 창문을 여니 마침 비가 온단다. 그 리고 창문에 비친 자신의 얼굴을 보니 해골바가지 와 다름없이 지쳐 흉하게 보인다. 시간에 쫓겨 폭삭 늙은 모습에 깜짝 놀란다.

땡, 땡, 땡 울리는 시간에 맞추려 애쓰고 있는 가. 졸업, 취업, 결혼도 제때가 있다고 생각하는가.

우리 주위에 공부를 게을리해 성적이 형편없고 대학을 삼수 끝에 들어간 사람이 있다고 하자. 어떤 생각이 드는가. 아마 십중팔구 대부분은 괄시하고 무시할 것이다. 그러나 사람의 경주에서 빠르고 느린 것은 없다. 공부를 심각하게 못해 집안의 수치였던 처칠은 삼수 끝에 샌드허스트 육군사관학교에 합격했다. 남들은 그의 시작이 너무 늦어 정치가가 되기는 글렀다고 말했다. 그러나 처칠은 사람들의 생각과 달리 20세기가 낳은 인물 중 가장 위대한 사람이 되었다.

'당장 해야 한다. 지금이 아니면 안 된다.' 라는 강박은 독이다. 앞선 사람 때문에 조바심이 나 무언가를 하려고 한다면 그 일은 엉키고 꼬여 버린다. 그저 미뤄라. 결정할 수 없는 상태라면 억지로 일을 하려 하지 말고 다음에 하라. 충분히 듣고 보고 생각해도 늦지 않다.

만약 시간이 충분치 않다고 느껴지거나 어서 시간을 따라잡아야 한다고 생각한다면 당신은 '시간병'에 걸렸을 확률이 높다. 시간병이란 미국의 내과의사 래리 도시가 만든 개념으로 시간이 달아나는 것 같은 기분, 시간이 충분치 않다는 생각에 삶의 가속 페달을 계속 밟는 강박적 믿음을 의미한다.

한 취업 포털 사이트에서 국내·외 기업에 근무하는 직장인 511명을 조사한 결과 77퍼센트가 시간병을 앓고 있다고 발표했다. 이런 현상은 직장인에게만 특정되어 일어나는 것이 아니다. 우리는 종종 친구와 차를 마시며 대화하는 순간에도 무언가 해야 할 것 같은 불안감을 느낀다. 또 버스를 기다리는 짧은 시간도 못 견디고 초조해한다. 이런 강박 속에서 우리는 시간의 주인이 아니라 노예로 살아간다. 자신의 시간을 적극적으로 활용하지 못하고 도리어 시간에 쫓겨 헛된 곳에 에너지를 소비한다.

생각의 초점을 바꾸든 무슨 수를 써서라도 지금

의 불안함을 떨쳐 버려야 한다. 사회가 근면함이라
는 허울로 밤잠 아껴 가면서 문제를 해결해야 하는
상황으로 몰고 가더라도 속지 마라. 또 사람들이 대
형 마트 광고처럼 "한정 할인 타임! 지금이 아니면
기회가 없습니다."라고 귓가에 속삭여도 무시하라.
너무 급히 상황에 뛰어든다면 당신이 정말 좋아하
는 일이 아닌데도 그 일을 하게 될지 모른다. 반값
세일에 이것저것 샀으나 쓰지 않는 인테리어 용품
처럼 말이다.

　　충동적으로 반응하기보다 문제를 오늘에서 내
일로 미뤄라. 끊임없이 밀려오는 걱정으로 눈가에
거무죽죽한 그늘을 만들지 말고 문제를 내일로 미
루고 한숨 자라. 내일 아니면 미래의 어느 순간에
그 문제는 풀려 있을 것이다. 바로 처칠의 삶처럼
말이다.

망가져라

자로 잰 듯한 말투, 표정, 한 치의 흐트러
짐 없는 행동, 옷차림, 속을 전혀 들어내 보이지 않
는 삶…. 이것이 고독한 현대인의 자화상이다. 바로
옆집에 살면서도 서로를 알지 못하는 아파트의 이
웃처럼 우리는 어느새 콘크리트 벽으로 기둥을 세
우듯 입을 다물고 자신을 꼭꼭 걸어 잠근다.

상대방에게 허점을 보이는 것이 흉이 되고 구설
수에 오르는 세상. 실수가 마치 큰 잘못을 저지른
것처럼 비난의 대상이 되는, 용서가 없는 세상. 그
것이 지구에 사는 사람들이 가진 모습 중 하나다.

영화 〈여인의 향기〉 중에서 알파치노는 자신과

탱고를 추다가 실수를 할까 부끄러워하는 여인에게 이렇게 말한다.

"실수를 해서 스텝이 엉키는 것이 바로 탱고랍니다."

실수나 허점 때로 비틀거림마저도 탱고의 한 부분으로 받아주는 것처럼 우리 삶에도 그런 여유나 유머가 있으면 얼마나 좋을까. 요즘 사람들은 망가지는 것을 너무 두려워한다.

유럽을 여행하는 도중에 길거리에서 아코디언을 연주하는 악사를 보았다. 참 경쾌하고 신나는 음악이었는데 사람들은 마치 무거운 돌을 어깨에 진 것처럼 무표정한 얼굴로 그 악사 앞을 지나갔다. 그런데 그때 악사 앞을 지나던 뚱뚱한 두 중년의 부부가 경쾌한 음악에 맞춰 신나게 춤을 추는 것이었다. 순간 악사는 물론 그 앞을 지나가던 사람 모두 환한 미소를 지었다. 뚱뚱한 부부의 밝은 표정과 신나는 춤이 음악이 있어도 어두웠던 거리 분위기를 금세 바꾸어 놓은 것이다.

권위를 지키며 악사 앞을 지나갈 법한 중년 부부의 발랄한 망가짐이 오히려 사람들에게 행복하고 아름다운 모습으로 느껴졌던 것이다. 때로 흐트러지기도 하고 조금 허술해 보이기도 하면서 정겨움을 주는 것이 본래 인간의 모습이다. 너무 감추고 닫아 놓고 흐트러짐이 없는 사람을 보고 우리는 인간미가 없다고 말한다. 인간미란 때로 망가질 줄 아는 것이다. 망가지면서 서로의 단점과 허점을 이해하고 웃으며 돈독한 관계를 지속하는 것이다.

자신을 감추고 늘 긴장하며 사는 사람들은 술이 취해야만 망가진다. 그것은 망가짐이 아니라 주정이다. 진정한 망가짐이란 상대방에게 피해를 주는 것이 아니라 상대방을 유쾌하고 즐겁게 해 주는 것이다. 때로 위로를 주는 것이다. 개그맨이 자신을 망가뜨리면서 관객과 시청자를 웃기는 것을 보면 유쾌하다. 힘든 사람 앞에서 그들을 돕고 위로하기 위해 마다하지 않는 망가짐이야말로 아름다운 망가짐이다. 망가짐에도 미학이 있다.

그런데 요즘은 너무 망가지지 않는다. 망가지려 하지 않는다. 상사 앞에서 혹은 부하 직원 앞에서 문득 유쾌하게 한번 망가져 보라. 당신은 분명 인기인이 될 것이다.

상처받아라

"정신력을 가장 크게 기르는 것은 마음의 상처다."

프랑스의 유명한 소설가 마르셀 프루스트가 말했다. 살아가면서 상처받는 일은 비일비재하다. 그러나 대부분의 사람들은 상처받는 것을 두려워한다. 특히 자신이 받은 상처에 민감하게 반응하며 타인의 상처는 하찮게 여긴다. 이는 바로 '나' 자신이 힘들고 아프고 괴롭기 때문이다. 그러나 이 세상에서 상처받지 않고 살아가기는 어렵다. 무엇을 하든 조그만 생채기는 남는 법이고 이를 견디고 이겨 내는 것이 바로 삶이다.

고통을 이겨 낸 뒤 맞이하는 행복의 열매는 달다. 이겨 낸 자만이 꽃을 피우고 열매를 맺듯 그 과정을 통해 우리는 높은 성품과 인격을 쌓아 품격을 높이며 살아간다. 곧 살아 있기 때문에 가능한 일이다. 우리는 살며 고통과 즐거움, 사랑과 이별을 반복한다. 이런 희비가 교차하는 시간과 마주할지라도 이는 살아 있기에 겪는 희망고문이라 할 수 있다.

양지바른 언덕에 핀 예쁜 꽃들에게도 다 비바람을 견뎌 낸 사연이 있습니다. 비바람에 온몸을 내맡긴 채 천둥 번개가 칠 때마다 절망에 떨어보지 않은 꽃이 어디 있겠습니까. 비바람 몰아치는 여름을 잘 견딘 꽃들이 튼튼한 열매를 맺듯이 무겁고 힘든 삶의 짐을 잘 지고 견딘 자만이 진정한 삶의 열매를 맺을 수 있습니다.

정호승 외, 《괜찮아, 살아있으니까》

시인 정호승은 예쁘고 아름다운 꽃에도 상처와 절망, 두려움이 있다고 이야기한다. 상처 없는 삶은 면역성이 없다. 아주 조그만 이야기, 사건, 상황에도 당황하고 상처받아 힘들어하고 아파하여 삶은 제힘을 내지 못하게 된다. 충분히 이겨 낼 수 있는 상황임에도 이를 견디고 극복하지 못한 채 주저앉고 마는 것이다.

상처로 인한 아픔에 지레 겁먹고 뒤로 물러서지 마라. 상처는 고통만 남기지 않는다. 세상을 직면하는 힘을 준다. 상처가 아물면서 영혼은 더 성장하고 빛이 난다. 마치 상처받은 조개에서 진주가 생겨나듯.

우리는 무엇도 두려워해서는 안 된다. 상처에 맞서 싸워라. 고통에 맞서 싸워라. '질투는 나의 힘'이라는 말이 있다. 그 말을 이제 '상처는 나의 힘’ 이라는 말로 바꾸어 되뇌어 보라. 심한 고통에 버둥거려도 그만큼 힘이 되어 돌아올 때까지 견디자. 그것이 바로 삶의 희망이다.

실패하라

사람에게는 두 가지 심리가 공존한다. 바로 간절한 성공 욕구와 실패할지도 모른다는 큰 두려움이다. 성공하고자 하는 마음 이면에는 실패로 모든 것을 잃을지도 모른다는 공포가 도사리고 있다. 그러나 실패는 성공하기 위해 필연적으로 맞닥뜨려야 하는 맞수이자 위대한 성공을 위한 준비 작업이다.

두 차례 대학을 중퇴한 트위터의 공동 창업자 비즈 스톤은 이렇게 말했다.

"극적으로 성공하고 싶으면 찬란하게 실패할 준비가 돼
있어야 한다."

이는 실패의 중요성을 강조한 것이다.
샌프란시스코에 있는 그의 회사에는 또 이런 표
어가 붙어 있다. 이는 직원들에게도 당당히 실패하
라고 이야기하고 있다.

"내일은 더 나은 실수를 하자."

무언가에 도전했다가 실패했는가. 그건 실패가
아닌 성공의 한 부분이다. 정말로 실패한 것은 아무
것도 하지 않은 것이다. 바로 현실에 안주하는 것이
다. 어떤 것이든 무감각해지고 생각 없이 받아들이
는 것이 진정한 실패다.
쓰레기도 재활용이 가능한 쓰레기와 재활용이
불가능한 쓰레기가 있듯이 실패도 다시 활용할 수

있는 실패와 쓸모없이 버려지는 실패가 있다. 활용이 불가능한 실패란 쉽게 포기하는 것이다. 그저 '실패했구나.' 라고 수긍하며 아무런 개선도 하지 않고 같은 일을 반복하는 것이다.

반면 실패를 단순한 잘못으로 보지 않고 실패의 과정 속에서 더 나은 방법을 찾고 연구하는 것이 활용 가능한 실패라 하겠다. 그것이 실패를 단순한 실패로 남기지 않고 성공으로 이끌어 주기 때문이다.

2백 번의 실패를 통해 에디슨은 생각을 바꾸었다. 실패의 연속인 실험 속에서 오감을 총동원해 숨겨진 진실을 찾고 또 찾았다. 모르던 진실을 발견해 내기 위해서. 그리고 결국 그는 찾아냈다.

실패를 겸허하게 받아들이되 끝까지 성공의 끝자락을 붙잡고 계속 실패에 승부를 걸라. 오늘 안 돼도 잘못된 시도를 뒤집고 부족한 점을 속속들이

들춰내는 그 지난한 여정 속에서 창조가 이루어진
다. 그 속에서 성공의 단초가 보일 것이다.

청춘은 여행이다.
찢어진 주머니에 두 손을
내리꽂은 채 그저 길을
떠나가도 좋은 것이다.

체 게바라

멋대로 해라

가끔 대책 없어 보이는 사람들을 만날 때가 있다. 남부럽잖은 직장을 그만두고 세계 일주를 떠나겠다는 친구, 의사로 있다가 어느 날 훌쩍 가수가 되겠다고 선언하는 언니 등. 그들을 보면 대뜸 이런 생각이 든다. '어떻게 하려고?' 자신이 이룬 모든 것을 내려놓고 다시 무無로 돌아가다니 선뜻 이해가 가지 않는다. 그래서 혹자는 그들이 세상을 모르는 것이라며 따가운 눈초리를 보내거나 그들이 잘못되지 않을까 염려 섞인 말을 한다.

그러나 사람들의 우려와 달리 그들은 자신이 택한 길에서 너무나 행복하고 자유롭다. 이곳저곳을 유랑하는 한 여행 작가는 방을 빼고 적금을 깨더라도 보헤미안의 즐거움을 놓칠 수 없다고 말한다. 시장을 돌며 각설이 타령을 하는 한 품바는 가족에게 모진 말을 듣고 주위 사람으로부터 무시를 당하더라도 자신을 보고 웃음 짓는 사람들을 보면 그 어려움도 잊는다고 이야기한다.

이들에게 행복의 기준은 '내 멋'이다. 부와 명예, 지위로 행복을 재지 않는다. 오로지 고유한 내 멋에 초점을 맞춰 행복을 찾는다. '내가 원하는가, 내가 즐거워하는가.' 물으며 행동한다. 즉 내 멋대로 행동하는 것이다.

이렇게 자신이 하고 싶은 일을 하면 신바람이 난다. 흥에 겨워 일을 하는 순간 몰입하게 되고 상황이나 조건은 중요치 않게 된다. 잠도 마다하고 시간 가는 줄 모르고 지금 이 순간을 즐긴다. 재미없는 일을 하며 죽을상을 하는 내가 아닌 원하는 일에 빠져 심장이 쿵쾅쿵쾅 뛰는 나를 만난다.

행복은 멀리 있는 게 아니다. 자신이 좋아하는 일을 할 때 행복해진다. 참된 행복은 자신이 즐거워하는 일을 찾고 그 일에 집중할 때 시작된다. 다른 사람이 가진 으리으리한 집, 자동차를 보며 고통 받는 것이 아니라 자신의 길을 찾아 내면의 기쁨을 발견할 때 진정으로 행복하다.

사회는 자신의 멋을 찾아가려는 우리에게 '다 너를 위한 거야. 불안하고 돈도 몇 푼 못 버는 일 대신 다소 지루해도 안정된 일을 하는 게 좋아.'라고 속삭인다.

이 유혹에 속지 마라. 가슴이 원하는 일을 머리로 계산하며 거부하지 마라. 자신이 원하는 멋을 찾기로 결단하면 이미 꿈은 이루어진 셈이다. 제 멋대로 살겠다고 마음먹은 순간, 우리의 발은 미래를 향하고 머리는 목표를 이루기 위한 방법을 강구한다. 그리고 그 길에서 마주친 어려움은 더 이상 힘겨운 싸움이 아니라 재미있는 한판 승부가 된다. 인생 자체가 행복해지는 것이다.

그러나 자신을 믿지 못해 흥미도 없는 따분한 일을 하는 순간 행복은 저만큼 사라진다. 지금 자신이 행복하지 않다면 내일도 행복하지 않다. 우리가 그토록 원하던 행복을 뒤로 미루지 말고 지금 이 순간 하고 싶은 일을 하며 즐거움을 누려라. 제 멋대로 사는 길이 행복으로 향하는 길이다.

편애하라

편애의 사전적 의미는 '어느 한 사람이나 한쪽만을 치우치게 사랑함'이다. 즉 편애는 눈에 보이는 사랑이다. 한쪽을 아주 지나치게 사랑함으로 다른 이도 그 뜨거움을 알아차릴 수 있다. 그래서 사랑받지 못한 자는 질투하며 "편애하지 마라."라고 말한다. 그런 이에게 안도현 시인의 〈너에게 묻는다〉라는 시를 들려주고 싶다.

연탄재 함부로 발로 차지 마라.

너는

누구에게 한 번이라도 뜨거운 사람이었느냐.

그렇다. 사랑에 있어서 미지근한 것은 없다. 뜨겁거나 차갑거나 둘 중 하나다. 그렇다면 누군가를, 무언가를 열정적으로 사랑하는 편이 낫다.

그러나 요즘은 열정의 온도가 낮다. 아니 뜨거운 불꽃이 움트다가도 현실 앞에서 금방 싸늘하게 식는다. 온전히 자신의 열정을 피우지 못하고 사그라져 버리기 일쑤다. 극심한 취업난에 많은 젊은이들이 각종 고시와 공무원 시험을 준비하는 공시족이 되고 안정적인 직장을 찾고자 한다. 직업 선택에 있어 적성과 사명감보다는 '우선 취직'이 강조되고 있다.

뜨뜻미지근하게 이곳저곳 서성이지 말고 하나만을 편애하라. 상황에 쫓기지 말고 남들이 보기에 질릴 정도로 사랑할 무언가를 찾아라. 뜨거운 가슴을 가진 사람이 있다면 주위가 변화하고 전체가 산다. 2010년 남아공 월드컵 브라질 전에서 투혼을 보인

북한 선수 정대세가 그 예다. 부모가 대한민국 국적인 재일 교포 정대세는 일본에서 조총련계 학교에 다니면서 남한보다 북한을 조국이라고 느껴 북한 대표팀을 택한 선수다.

최강의 축구팀 브라질을 맞아 그는 허벅지 부상에도 아랑곳하지 않고 맞서 싸웠다. 축구와 조국에 대한 편애, 그 넘치는 사랑으로 그는 브라질 전에서 2:1의 결과를 이끌어 냈다. 어느 누구도 예상치 못한 결과였다. 최약체 팀인 북한이 브라질과 맞서 이 정도로 팽팽한 승부를 할 줄은 생각지 못했다.

비록 경기에서 패했지만 정대세의 열정과 패기는 상대 선수들을 압도했다. 그리고 같이 뛰는 북한 선수들에게는 희망과 에너지가 되었다. 그들에게 자신의 상황이나 조건은 문제가 되지 않았다. 오로지 축구, 자신의 나라가 전부였고 이를 위해 달렸다.

그들처럼 어느 누구도 기대하지 않는 상황이라

도 가슴에 품은 열정을 식게 두지 마라. 현실과의 타
협이라는 달콤한 유혹에도 오롯이 하나만 사랑하라.

싫다고 말하라

모든 일에 "예스!"를 외치는 사람은 가식적
이다. 몸속에 노예근성이 배어 있거나 졸병의 삶에
만족하는 사람일 것이다. '예스'에도 순종이 있고
복종이 있다. 강압이나 권위에 눌려서 예스를 외치
는 것은 복종이다.

진정으로 누군가를 좋아하고 존경해서 "예."를
외치는 것은 순종이다. 복종은 절대로 싫다는 말을
안 한다. 아니 하지 못한다. 그러나 순종은 상대방을
위해서 쓴소리를 마다하지 않는다.

또한 복종은 군대다. 조직이다. 그러나 순종은
종교다. 부모와 자식, 스승과 제자의 관계 속에서 일

어나는 믿음이며 섬김이다. 믿기에 "NO!"라고 말할 수 있는 세상이 되어야 한다. 사랑하기에 조언과 쓴소리를 할 수 있어야 한다.

"네. 알겠습니다! 네. 그렇게 하겠습니다! 네! 네!"라고만 대답하는 부하 직원을 상사는 좋아할까. 아니다. 물론 처음에는 무조건 해 보려는 의지력이 좋아 보일 수도 있다. 하지만 일정 시간이 지나면 상사는 그의 능력을 의심한다.

'왜 만날 네, 라고만 대답하는 거야? 그저 알겠다고 하는 것 아닌가…' 마음속으로 그렇게 읊조리며 결국 네, 라고 외치는 부하 직원에게 단순한 심부름만 시키게 된다.

스승과 제자의 경우도 마찬가지다. 스승은 "네!"라는 답변만 하고 아무 질문 없이 받아 적기만 하는 학생을 좋아하지 않는다. 의문을 갖기도 하고 질문을 던지는 학생을 좋아한다. 그리고 궁극에는 그런

학생이 더 많은 것을 알게 되고 발전한다.

제발 싫은 것은 싫다고 말하라. "안 될 것 같습니다. 다른 방법을 강구해야 될 것 같습니다."라고 말하라. 신이 아닌 이상 어떻게 모두 좋고 긍정적이며 예스일 수 있겠는가. 그는 겉으로 예스를 외치겠지만 속으로는 무척 힘들고 스트레스를 받을 것이다.

내 마음을 억누르는 '된다.' '한다.' '해 본다.' '할 수 있다.' 는 말을 입에서 버려라. 그 누구나 하는 말과 그 속의 일에 안주하지 말고 일단 싫다고 하라! 싫다고 말하고 다른 방법을 강구하라.

누군가가 만들어 놓은 틀에서 생각하느라 안 되는 것을 붙잡고 끙끙대지 마라. 자신의 생각에서 보다 넓게 사고하고 방법을 찾다 보면 기존의 대책보다 더 나은 해결책을 찾을 수 있다.

또 상대방의 경우 자신의 방안을 더 깊이 생각하는 계기를 가지게 된다.

싫다고 하라! 당신의 "NO."가 상대방과 당신 자
신을 살린다.

삐딱하라

누구나 한 번쯤은 어렸을 때 왼손으로 밥 먹다가 어른들에게 혼난 적이 있을 것이다. 오른손을 사용해야지, 왼손을 사용하면 안 된다는 이유에서였다. 왜 그렇게 생각했을까. 바로 그런 고정관념이 세상을 고지식하게 만들고 발전을 저해시킨 것은 아닌가.

바르게 크고, 바르게 공부하고, 바른 길을 가라. 모두가 그렇게 말해 왔다. 과거에도 현재에도 앞으로도 이 교육 방법과 가치는 바뀌지 않을 것이다. 바르게! 그렇다면 그 바르다는 것의 기준은 무엇인가. 오른손? 왼손으로 하면 안 되는 것인가. 남들과 다른 생각도 해 보고 다른 사람들이 안 가는 세상도 갔다 와 보면 안 되는 것인가.

호기심이 많은 사람들은 삐딱하다. 궁금해서 남들이 가지 않는 길을 가 보려 하기 때문이다. 무엇이든 해 보려고 한다. 창의적인 사람들은 삐딱하다. 무언가 새로운 것들을 자꾸 만들어 내니 이전의 것에 익숙해지고 길들여진 사람은 그를 삐딱하게 본다. 생각이 깊은 사람들은 삐딱하다. 그 깊은 생각을 평범한 사람이 이해할 수 없으니까.

성공한 사람들을 잘 살펴보라. 여기서의 성공이란 돈을 많이 번 사람을 말하는 것이 아니다. 나름대로 자기 분야에서 최고의 자리를 잡고 철학을 가지고 행복하게 사는 사람들을 이야기하는 것이다. 이들 모두 '삐딱이' 었다.

자기만의 고집을 가지고 있던 삐딱이, 항상 이

상한 질문만 하던 삐딱이, 남들이 안 가는 길만 가던 삐딱이…. 삐딱하게 여기저기 방황을 하다가 고등학교를 6년 만에 졸업하고 대학을 들어간 자식에게 아버지가 말했다.

"3년 된 홍삼보다 6년 묵은 홍삼이 더 좋단다."

정말 그 아들은 친구들이 방황하며 대학 생활을 보낼 때, 오히려 우수한 성적으로 공부를 해 자신이 하고 싶은 일을 하며 잘 살고 있다고 한다. 그 삐딱이를 다시 돌아오게 만든 것은 아버지의 힘이지만 자신의 길을 터 가면 성공한 것은 온전히 그 아들의 힘이다.

그 힘은 그가 수없이 겪은 삐딱한 경험에서 나온다. 누구보다 정통으로 가는 방법을 잘 알고 있는 삐딱이는 여기저기 기웃대며 한 번씩 자신의 역량을 시험을 해 본다. 이런 경험은 나중에 톡톡 튀는 아이디어로, 남들과 다른 창의력으로 나온다. 그래서 삐딱이는 사회에서 성공할 수밖에 없다.

세상을 삐딱이처럼 다르게 바라보자. 저 길을 왜 만들었을까? 왜 저렇게 공부를 해야 하는 것일까? 그렇게 남들이 보는 시각에서 벗어나 보자. 그러면 새로운 관점이 보일 것이다. 남다른 시각으로 평범한 세상을 놀라게 하자.

생각뿐만 아니라 행동도 삐딱하게 하자. 요즘은 왼손을 쓰면 머리가 좋아진다고 이야기한다. 그렇다면 왼손으로도 밥을 먹어 보자. 매일 똑같이 가던 길을 돌아서 다른 길로 한 번 가 보기도 하고 앞으로 걷던 걸음을 뒤로 한 번 걸어 보자. 모자를 꼭 똑바로 써야 하는 법이 어디 있는가. 삐딱하게 써서 멋부려 보자. 모두가 머리를 짧게 깎을 때 길러 보기도 하고 옷을 뒤집어서 입어 보는 삐딱함을 가지자.

당신의 삐딱한 시선과 행동이 세상을 바꾼다.

우리들의 불행은 대부분 남을
의식하는 데서 온다.

쇼펜하우어

무심하라

 들어가면 대부분 실시간 검색어가 뜬다. 지금의 주요 이슈가 무엇인지, 사람의 이목을 끄는 관심사가 어떤 것인지 한눈에 파악이 가능하다. 일상, 건강, 문화, IT, 과학, 스포츠, 경제, 시사 등 다양한 주제가 있지만 조회 수가 유별나게 높은 게시물은 한정되어 있다. 바로 연예인의 사생활에 관한 이야기다.

연예인의 열애에 관한 가십거리 또는 그들의 언행 등은 항상 검색 순위 1, 2위를 다툰다. 공적인 자리에 있는 연예인뿐만 아니라 요즘은 다소 특이한 점이 있는 사람이라면 언제든지 검색 키워드가 되곤 한다. 순식간에 관심거리로 뜨고 사라지고 이러한 반복 현상은 이제 너무나도 익숙한 현상이 되었다. 즉 우리는 관심에 중독되고 있다.

싫어하는 것보다 무서운 게 무관심이라고 하지만 지나친 관심은 우리의 삶을 좀먹는다. 이를 보여 주는 흥미로운 조사가 있다. 캐나다 몬트리올대 비앙카 디안토노 교수팀은 24~64세의 건강한 직장 남성 81명과 직장 여성 118명을 대상으로 잘 모르는 남극대륙 지리에 대한 책 읽기, 대본에 따라 때로는 싫은 역할, 때로는 좋아하는 역할 연기하기, 대본 없이 낙태에 관해 토론하기 등 몇 가지 스트레스를 느낄 만한 상황을 제시했다. 그리고 이들의 혈압, 심장박동수, 스트레스 호르몬인 코르티솔 수치를 측정했다. 검사 결과 여성은 남이 자기를 어떻게 보는지 신경이 쓰이거나 자존심이 상할 때 스트레스 수치가 올라가며 중년 이후 남성은 오히려 남이 자기에게 무관심할 때 스트레스가 치솟는다는 연구 결과가 나왔다.

남성과 여성의 결과가 다르기는 하지만 이는 모두 관심에서 비롯된 스트레스라는 것을 알 수 있다. 여성은 남이 관심을 가져 주는 것에 신경을 쓰고 남성은 타인으로부터 관심 받기 원하는 욕구를 보인다. 그리고 이 관심은 비교 의식으로 변해 우리의 운명을 불행하게 만든다.

초기에 사람들은 타인에 대해 사소한 관심이름, 나이 등에 대한 정보을 가진다. 그러다가 타인에게는 있지만 내게는 없는 무언가를 발견한다. 그리고 그 부분에 대해서 집착적인 관심을 갖게 되고 자괴감을 가진다. 이윽고 그 감정은 상대방에 대한 시기와 질투로 변모한다.

영화 〈아마데우스〉의 모차르트에 대한 지나친 관심으로 열패감에 시달려 자멸해 버린 살리에르처럼 비극으로 치닫게 된다. 만약에 이 "저 친구 대단한데! 그나저나 오늘 나 뭐하지?" 하고 관심을 나에게로 옮겼다면 그가 그렇게 불쌍한 인생을 살았을까. 인생 행복의 비결은 다름 아닌 무관심이다. 이제 '남, 남, 남'에서 벗어나 '나, 나, 나'로 신바람 나는 삶을 살아 보자.

실수하라

당신은 지금 두려워하고 있다. 엄청난 잘못을 했다는 생각이 든다. 대체 얼마나 큰 잘못을 했는가? 하늘이 무너질 만큼? 땅이 꺼질 정도로? 사람은 누구나 실수할 수 있다. 실수하고 나면 뒷감당이 버거운 건 당연지사고 조심하지 않았으니까 고통 받는 것은 감당해야 한다. 그게 이치다.

당연한 것을 두려워하지 마라. 백 번 아니 천 번의 실수를 저지른다고 해도 그 실수가 당신의 가치를 깎아내릴 수 없다. 사람은 실수를 통해 조심성을 기르고 겸손함을 배운다. 실수를 했을 때, "죄송합니다."라고 말하며 자신이 완전하지 않다는 것을 깨닫는다. 그리고 다시 배우는 자세로 임한다. 또한 번 실수할 때마다 상사가 뭘 좋아하는지, 어떤 걸 원하는지 확인하게 된다.

이러한 과정을 통해 어떻게 해야 실수를 최소화하고 상사의 업무 지시에 올바르게 대처할 수 있는지 익혀 나간다. 이렇듯 실수를 통해 더 나아지는 사원을 비난할 상사는 없다. 실수는 잘못이 아니고 일을 처리하는 과정에 일어나는 자연스러운 절차이고 소중한 경험이다.

일뿐만이 아니라 사랑에서도 실수하라. 사랑할 때, 실수하지 않으려 애쓰지 마라. 서로에게 익숙해지는 과정에서 실수는 불가피하게 행해지는 통과 의례다. 실수를 해 봐야 내가 사랑하는 사람이 무엇을 좋아하고 싫어하는지 알 수 있다. 실수한 후에 진심으로 사과하고 서로 맞춰 나가면 된다. 비온 뒤에 땅이 더 굳어지는 것처럼 실수를 서로 너그럽게

용서하고 이해하면서 사랑은 완성된다.

혹 친구지간에 해서는 안 될 말실수를 했는가. 이 실수를 만회하고 싶은데 친구가 전화도 받지 않고 만나 주지도 않는다면 이메일을 써라. 어떻게, 언제, 어디서, 누구에게 실수를 하던 사과는 필수다. 사과 없이 실수는 덮히지 않는다. 미안하다고 말하고 실수에 대해 양해를 구하라.

"너와 내가 친구로 지내는 이상, 언젠가 또다시 이와 유사한 실수를 저지를 수도 있다. 그땐 그러려니 넘어가 달라. 대신 너의 실수도 내가 이해할 때가 분명히 있을 거다."라고. 만약 실수를 받아 주지 않는다면 그 친구는 진짜 친구가 아니다. 실수했을 때 비로소 상대방이 나를 받아 주는 진정한 친구인지 아닌지 알 수 있다.

실수하는 것은 마냥 나쁜 일이 아니다. 물론 우리는 완벽하고 일 처리가 깔끔한 사람을 좋아한다.

실수 하나 없이, 흠 없이 일하는 사람을 보면 존경스럽기까지 하다. 하지만 이상하게 그와는 친해지기 어렵다. 그를 차원이 다른 사람처럼 여기고 거리를 두게 된다. 그런데 어느 날 이 무결점의 인간이 실수를 한다면 어떨까. 수준 이하라고 그를 비난할까. 아니다. 오히려 그 사람이 인간적으로 느껴지고 매력적으로 보인다. 그의 인간적인 면모에서 사람들은 호감을 느끼는 것이다.

이처럼 실수는 내가 속한 사회 혹은 인간관계 속에 더 단단히 설 수 있는 계기가 된다. 완벽한 당신에게 꼭 필요한 게 있다면 그것은 바로 실수이다. 실수하라.

권태에 빠져라

프로이트는 한 쌍의 남녀가 서로 사랑을 느끼는 최장 기간은 36개월이라고 했다. 그렇다면 백년해로를 약속하고 결혼반지를 나눠 낀 세상의 수많은 부부는 3년이 지난 후 어떻게 살아야 할까.

필feel이 통하는 남녀의 만남은 열정을 낳고 열정은 그들 사이를 발전시킨다. 서로에 대한 긴장과 설렘은 시간이 지나면 편안함과 익숙함으로 탈바꿈한다. 여기서 그치면 참으로 다행스러운 일일 테지만 이 단계가 끝이 아니다. 익숙함을 넘어 그 둘은 서로에게 싫증을 느낀다.

권태기에 접어든 한 여성은 남편의 뒤통수조차

보기 싫다고 말한다. 그리고 한 남성은 아내의 웃는 얼굴도 못생겨 보인다고 고개를 절레절레 흔든다. 서로가 하는 짓이 꼴 보기 싫어서 확 이혼해 버리고 싶다고 말하는 부부도 적지 않다.

그러나 권태에 빠져라. 권태는 내가 선택한 반려자, 나의 삶, 주변 사람들을 돌아볼 수 있는 기회다. 서로를 객관적으로 볼 수 있는 기회다. 그동안 내 남편이나 아내는 장점만 가지고 있고 나와 잘 맞는 사람이었다. 물론 조금씩 단점이 발견되어 실망하고 심한 경우 막말하며 싸우기도 했지만 애정은 식지 않았다.

그런데 심각한 권태기가 오면서 애정도 없어진다. '애정'에는 사랑 애愛 자가 붙는다. 권태에 빠지면 사랑 애愛 자가 쏙 빠지고 뜻 정情 자만 남는다. "정 때문에 산다."라는 말은 그래서 나온 말인 듯싶다.

더한 경우 사랑 애, 뜻 정 두 의미 모두 마음속

에서 완전히 지워지기도 한다. 그렇다고 이혼해야
할까. 아니다. 애정의 관계를 넘어서 동료가 돼라.
삶을 함께 사는 진정한 동지라고 여겨라. 서로의 단
점까지 진정으로 인정할 수 있는 적당한 때가 바로
권태기다.

권태에 빠져라. 그동안 매사 부부가 행동을 같
이했다. 그러다 보니 정작 내 삶이 없었다. 취미 생
활이 서로 달라도 한쪽에 맞추며 끙끙댔지만 이제
그러지 않아도 된다. 서로가 자신만의 관심 분야,
도달해야 할 목표를 세우고 이루기 위해 노력할 수
있는 시기다. 각자의 생활을 존중하고 친구같이 편
안하게 대화할 수 있다.
권태에 빠져라. 지금까지 남편과 아내, 내 가정
을 위주로 생각했다. 내 친구들이 어떻게 살고 있는
지, 내 이웃이 누구인지, 어려움을 겪고 있는 사람
은 없는지 돌아보지 않았다. 권태를 계기로 주변인

에게도 관심을 가질 수 있는 여유가 생긴다. 이 세상에는 내 가정만 있는 게 아니다. 주위를 둘러봐야 세상과 소통할 수 있다.

권태기 극복을 어떻게 하지, 좌절에 빠져 골머리를 앓을 시간에 열심히 살고 있는 주위 사람들을 돌아봐라. 그들의 모습과 내 남편, 아내의 삶이 오버랩될 것이다. 그들에게 연민을 느낀다면 내 남편과 아내에게도 분명히 비슷한 감정이 생길 것이다. 그러면 한 인간으로서 내 남편과 아내를 이해하게 된다.

권태에 빠지면 외로울 수 있다. 권태에 빠지면 허무해질 수 있다. 권태에 빠지면 슬플 수 있다. 권태에 빠지면 상대방이 미울 수 있다. 그래도 권태는 성큼성큼 다가온다. 제대로만 빠지면 권태는 약이 된다. 권태에 빠져라. 권태는 결혼 이후 찾아오는 또 한 번의 터닝 포인트다. 현명하게 즐겨라. 권태가 물러날 즈음 더 단단하고 깊은 관계가 되어 있을 것이다.

가지 마라

살면서 '진정 내가 원하는 삶은 무엇인가, 내 마음은 어디에 있는가, 내가 그곳을 꼭 가야 하는가.'에 대한 끊임없는 질문과 답변이 있어야 한다. 그렇지 않다면 어느 곳을 가든 껍질만 다니게 되는 꼴이 되고 만다.

원하는 학과를 지망하든 회사에 취업하든 적성에 맞지 않는다면 그 길은 갈 필요가 없다. 결국에는 재미없고 지겹고 불만에 싸여 투덜거리며 헤맬 뿐이다. 특히 직장 일이라면 더욱 그렇다. 먹고살아야 하기에 들어간 직장에서 바쁘게 오랜 시간을 지내다 보면 문득 깨닫게 된다. '잘못 살았구나!' 이미 그때는 돌이키기에 너무 늦었다. 그저 그렇게 살아가는 것이 인생이라고 위로하며 살아갈 뿐. 이 얼마나 쓸쓸한 일인가.

비단 인생을 결정해야 할 곳은 직장만이 아니다. 언제부터인지 사람들은 너무 많은 곳을 간다. 아침에 일어나서 거리를 보라. 수많은 사람들이 어디론가 가고 있다. 끊임없이 버스와 자동차, 지하철이 달리고 있다. 아침부터 어디론가 가지 않으면 살 수 없게끔 문명의 구조가 만들어져 버렸다.

예전에는 아침에 일어나 집 앞에 있는 논과 밭으로 농사를 지으러 가면 그만이었다. 땀 흘려 일하다 보면 점심이 오고 새참도 온다. 집과 밭, 뒷산, 마실, 어쩌다 읍내에 나가는 것이 전부였다. 그럼에도 불구하고 사립문 안에서 동구 밖을 내다본다고 했다.

지금 사람들은 가야할 곳이 없으면서도 가야만 하는 곳이 너무 많아 고민한다. 어디로 점심을 먹으러 가야 할까. 어디서 만나야 할까. 어디로 휴가를 떠나야 할까. 어디로 여행을 가야 할까. 손에 꼽지 못할 만큼 많은 곳을 다녀온 것을 마치 군 장교들의 가슴에 덕지덕지 달린 훈장인 양 자랑삼는다.

그러나 돌아오면 내가 왜 그곳으로 간 것인지, 무엇을 보았는지 알지 못한다. 점심을 누구랑 무엇을 먹었는지, 며칠 전 친구와 만나 무슨 이야기를 나누었는지, 돌아서면 잊기 십상이다. 봄이 와서 꽃구경을 하러 떠났는데 꽃이 보이지 않아 종일 헤매다가 집으로 돌아오니 집 앞마당에 꽃이 활짝 피어 있더라, 라는 이야기가 있다. 결국 모든 것은 내 안에 있고 내 안을 가꾸고 만들며 봐야 한다는 뜻이다. 내 집 마당에 자리 잡은 꽃, 내 안에 피어 있는 꽃도 보지 못하는데 다른 꽃이 어떻게 보이겠는가.

어디를 가든 내 안을 먼저 살펴야 한다. 여행을 가든, 휴가를 가든, 직장을 가든 항상 마음이 원하

고 진정 마음이 보고 먹을 수 있는 곳으로 가라. 그
렇지 않다면 어디에 있든 몸만 있게 되는 것이다.
자신의 마음과 영혼이 가지 않는 곳은 가지 마라.
먼저 그들에게 물어보라.

목표를 낮춰라

우리는 어렸을 때부터 목표를 높게 잡으라고 교육받았다. "꿈이 뭐니?" 물으면, "대통령이요!" 정도는 대답해야 국회의원이라도 된다며 목표를 높게 잡으라고 강요당했다. 아직 사고가 정립되지 않은 시기에 무엇이 되고 싶은지, 어떤 일이 재미있는지도 제대로 알지 못한 채 대통령, 의사, 판사가 되어야 했다.

슈퍼마켓이나 문방구 주인이 되고 싶기도 하고 붕어빵 장사를 하면서 붕어빵을 실컷 먹고 싶다는 생각을 하면서도 "꿈이 뭐니?"라는 질문에는 어쩔 수 없이 감당도 되지 않는 직위를 갖겠다고 답했다.

그리고 이를 위해 도전하겠다는 각오를 내비춰야 했다.

그러나 목표란 터무니없이 높은 이상점이 아니라 '어떤 목적을 이루려고 지향하는 실제적 대상'이다. 즉 '실제' 형편에 맞아야 한다. 실현 가능성이 있어야 한다. 진정으로 원하는 지향점이어야 한다. 목표를 세울 때 점검해 봐라. 과연 내가 이룰 수 있는 상황이 되는가. 내가 원하는가. 이런 부분을 체크하지도 않은 채 부모가 원하니까 이 사회가 높은 목표를 가진 사람을 원한다고 해서 가능하지도 않은 꿈을 꾸지는 말라. '과연 될까?' 라는 의문만 생기고 엄청난 부담감만 밀려올 것이다.

2010년 월드컵 16강 진출은 현실에 맞춘 목표가 얼마나 큰 돌파력과 추진력을 가지고 있는지 보여 준다. 물론 어떤 사람은 목표를 16강으로 낮춰 잡아서 8강에 떨어진 거라고 이야기한다. 그러나 모두가 인정하고 있다. 태극 전사들은 매우 잘 싸웠고 목표를 이루었다고.

월드컵을 치르면서 원정 16강에 오른 경우는 2010년이 처음이었다. 타국에서 개최되는 월드컵에 단 한 번도 출전하지 못했던 아시아의 한 나라가 "우승을 하겠다!"라는 얼토당토않은 목표를 선포했다면, 그 누가 "그래, 반드시 해낼 거야!"라고 했을까? 태극 전사를 지휘했던 허정무 감독은 지극히 현실 가능성이 있는 목표를 세웠다. 원정 16강! 국민들은 그 정도야 할 수 있을 것이라고 여기며 한마음 한뜻으로 응원했다. 그리고 태극전사 또한 해볼 만한 목표라고 여기고 최선을 다했다. 결과는 어땠는가. 해냈다!

목표를 낮게 잡으라는 말은 꿈을 낮추라는 뜻이 아니다. 단계를 밟으라는 말이다. 형편에 맞고 실현 가능성이 있는 목표를 세우고 그것을 이룬 후, 다시

한 단계 위의 목표를 세워도 늦지 않다. 이제 우리의 태극 전사들은 16강을 이룬 자신감을 가지고 다음 월드컵 때 8강이라는 목표를 향해 돌진할 것이다. 그렇게 단계를 밟아 나가며 꿈을 이루는 사람이 허황되게 높은 목표를 세운 후 절절매는 사람보다 훨씬 현명하다.

목표를 낮춰라. 그리고 지금 자신의 꿈을 점검하라. 그 목표를 꼭 실현하고 싶은가. 그렇다면 할 수 있는 만큼, 상황이 되는 만큼의 목표점을 정하라. 충분히 도달할 수 있는 지점을 목표로 삼으면 무리하지 않고 기쁘게 최선을 다할 수 있다. 한 번에 높이 오르려는 욕심쟁이가 아닌 단계를 밟아 가는 지혜로운 사람이 되어라.

제 3 장 일을 놀이로 생각하는 자

당신이 먼저 등을 구부리지만
않는다면, 다른 사람이 당신의
등에 올라타지 못할 것이다.

마틴 루터 킹

자존심을 버려라

사람이 살아가면서 가장 비극적인 일은 자존심이 상하는 일에서부터 시작된다. 어떤 특정한 이유가 있어서가 아니라 추락한 자존심 때문에 시기, 질투가 생기고 다툼이 일어난다.

다양한 인간 군상을 치밀하게 그려 낸 영국의 극작가 셰익스피어는 《오셀로》를 통해 자존심에 상처를 받은 자가 얼마나 타락할 수 있는지를 극명하게 보여 준다. 오셀로의 부관과 아내 데스데모나가 남몰래 사랑하고 있다는 거짓 모략에 오셀로, 그의 자존심은 산산조각이 난다. 결국 그는 상처 난 자존심을 회복하지 못하고 데스데모나를 살해한다.

이렇듯 짓밟힌 자존심은 한순간 사람을 분노하게 하고 다시금 돌이킬 수 없는 일을 저지르게 한다. 도대체 자존심이 무엇이기에 사람들은 자존심에 난 금 하나를 못 견디어 파르르 떨고 복수를 상상하는 걸까? 그 이유는 자존심이 바로 '나' 자신이기 때문이다.

자존심이란 남에게 굽히지 아니하고 자신의 뜻을 지키는 것, 즉 자신의 주장을 내세우고 고집할 때 사용되는 말이다. 그래서 고집쟁이의 대부분은 처음에 내 뜻을 관철하기 위해 목소리를 높이고 나중에는 자신의 자존심을 위해 핏대를 올린다. 그들의 다수는 "내가"라는 말을 말의 첫 시작에 꼭 붙이고 "옳다." "맞다."라고 끝을 맺는다.

그러나 정말 자신의 품위를 남들로부터 지키고 싶다면 과감하게 자존심에 상처를 내야 한다. 마음에 흠집 내기 싫어서 철옹성처럼 꽁꽁 자신을 둘러

싸고 있으면 아주 사소한 것에도 쉬이 분을 내고 다툰다.

나만 생각하고 나를 지키기 위해 건 자존심 싸움은 상대방뿐만 아니라 자기 자신도 너덜너덜한 걸레 조각처럼 만든다. 라이벌을 이기기 위해 더 독하게, 아프게 말을 하면 그 상대방은 독기를 품고 당신의 체면, 품격을 깨뜨리기 위해 달려든다.

자신이 정말 소중하다면 자존심이 상해도 한발 물러서라. 직장 상사에게 혼이 날 때에도, 어머니가 옆집 친구 아들과 비교할 때에도 자존심을 지키려고 안간힘을 쓰지 마라. 자신이 깨어지는 아픔을 온몸으로 받아들여라. 깨어진 틈 사이로 보이는 부족함을 확인하라. 그 부족함이 보이는 순간 우리의 시각은 '나'에게서 벗어나 '너'에게로 옮겨진다.

무엇 하나 부족한 점 없던 나에서 연약한 나로의 변화는 주변을 돌아보게 하고 서로 보완하게 한다.

그러다 보면 내가 그렇게 높이고자 했던 나의 이미
지는 자연스레 다른 사람들로 인해 올라가 있음을
깨닫게 된다. 덤으로 나를 깨뜨린 약함도 채워져 있
을 것이다.

열심히 하지 마라

'하면 된다.' 이 말에는 생략된 단어가 하나 있다. 바로 '열심히'다. 우리의 부모님 아니 그 이전 세대의 사람들까지 '열심히 하면 된다.'라는 말을 입버릇처럼 해 왔다. 공부를 할 때, 업무를 수행할 때, 심지어 밥 먹을 때에도 '열심히'는 장소와 시간을 가리지 않고 붙는다.

이런 유별날 정도의 열심은 어디에서 비롯된 것일까. 6~70년대 한국 전쟁 이후 계속된 보릿고개의 가난을 극복하기 위해 벌인 새마을 운동에서 그 뿌리를 찾을 수 있다. 갱죽이나 풀떼죽으로 허기를 달래던 시절 사람들이 가장 원하는 것은 단 하나 '잘 살아보세.'였다. "새벽종이 울렸네. 새 아침이 밝았네. 너도나도 일어나 새마을을 가꾸세. 살기 좋은 내 마을 우리 힘으로 만드세." 새마을 운동의 노래 가사처럼 사람들은 열심을 가지고 일했다. 그리고 그 열심은 70년도 수출액이 10억 달러에 불과했던 우리나라를 7년 후 100억 달러를 수출하는 나라로 만들었다.

새마을 운동 시기에는 '잘 살아 보자.' 라는 아주 뚜렷한 방향이 있었고 사람들의 열심은 그 목적에 맞추어졌다. 올바른 방향의 열심은 우리나라에 기적 같은 성과를 보여 주었고 사람들의 뇌리에 열심은 아주 강렬하게 남게 되었다.

그러나 시대가 흐르고 삶이 풍요로워진 현재, 열심은 고삐 풀린 망아지가 되었다. 사람들 사이에 열심은 있되 무엇에 그 열심을 집중해야 하는지 갈 길 모르게 된 것이다. 방향 잃은 열심은 결국에는 잘못된 열심으로 변질되었다. 예로 인터넷에 범죄자의 팬 카페가 생기고 전범 히틀러를 추종하는 등의 올바르지 못한 열심이 생겨나고 있다.

이렇듯 맹목적인 열심은 오히려 삶을 위협한다. 혼다 자동차를 창업한 혼다 소이치로는 "단순한 열심은 아무런 값어치가 없다. 아니, 잘못된 열심은 오히려 게으름보다 나쁘다. 열심에는 바른 이론에 따라서, 라는 점이 꼭 있어야 하는 것이다."라고 말했다. 분별없는 열심을 내지 말라. 내가 생각하는 방향이 옳은지 그릇된지를 늘 따져 본 뒤 제대로 된 열심을 내야 한다.

열심보다 방향을 먼저 정해야 한다. 이는 운동에서도 잘 드러난다. 골프를 열심히 하는 데도 실력이 늘지 않는다면 이는 연습량의 문제가 아니라 과정에 문제가 있는 것이다. 연습하는 샷 하나도 정확한 준비 과정과 목표를 가져야 한다. 아무 생각 없이, 목표 없이 계속 공을 치는 것은 그저 에너지 소모에 불과하다. 뿐만 아니라 잘못된 스윙이 몸에 배어 나쁜 결과를 불러일으킨다.

이처럼 무조건적인 열심은 사람을 잘못된 방향으로 이끌고 삶 자체를 무의미하게 만든다. 절대 열심 자체가 목적이 될 수 없다. 이 시대는 손만 뻗으면 목표점에 도달하도록 돕는 수단과 도구로 가득하다. 즉 방법이 아닌 방향이 사람의 인생을 가르는 시대가 온 것이다.

열심히 하면 된다고 방향도 없이 목표도 없이 달리는 사람에게 남는 것은 허무일 뿐이다. 재빨리 구체적인 무언가가 되고 싶은 조급증과 그로 인한 열심을 내려놓고 자기 자신을 느긋하게 되돌아보자. 그 후에 열심히 해도 늦지 않다.

적을 만들어라

성공하려면 아군을 많이 만들라고 한다. 적을 친구로 만들라고 이야기한다. 그러나 이는 옛말이다. 카네기는 그의 저서 《인간관계론》에서 적을 친구로 만드는 몇 가지 방법을 다음과 같이 소개한다.

첫째, 상대방에게 애정과 관심을 표현하라.

둘째, 상대방이 중요한 존재임을 인식시키고 칭찬하라.

셋째, 상대방이 원하는 것을 주어라.

넷째, 상대방의 관심에 화제의 초점을 맞춰라.

현 시대에 이 방법은 낡은 비즈니스 방식에 불과하다. 요즘 사람들은 그런 것에 넘어가지 않는다. 상대방에게 아무리 애정과 관심을 표현하고 원하는 것을 주어도 자신이 약하면 약자 취급을 받는다. 내가 강해지면 상대방에게 관심을 표현하지 않아도 먼저 그들이 다가온다. 나에게 초점을 맞춰 준다.

강해진다는 것, 그래서 유명해진다는 것은 그만큼 주변에 적이 많아진다는 것이다. 그러니 적과 타협하지 마라. 두려워 마라. 적이 많으면 많을수록 그들의 공격을 방어하기 위해 스스로 공부하고 몇 배 더 노력한다.

적과 싸우는 과정 속에서 전문가가 된다. 어떤 반박에도 답변할 수 있을 만큼 논리와 지식으로 무장하게 된다. 그래서 대적할 상대가 있는 이는 더 높아진다.

이와 반대로 친구를 무조건 많이 만들려는 사람은 혼자서는 도저히 일을 도모할 수 없는 사람이다. 그런 친구들과 어깨동무하며 어울려 다니지 마라. 순간의 즐거운 위안과 의지가 오히려 당신을 나약하게 만든다.

아군을 많이 만들어 그들을 등에 업고 이룬 성공은 오래가지 못한다. 약육강식의 논리를 그 어느 생명체보다 뼛속 깊이 터득한 존재가 사람이기 때문이다.

사람은 본능적으로 약한 사람과 강한 사람을 구별한다. 그래서 약함을 감추기 위해 굽실거리는 사람보다 독야청청 자신만의 철학과 주의가 있는 강한 사람과 함께 일하기를 원한다.

가능하면 살면서 편한 친구보다 불편한 적을 만들어라. 결국엔 그 적을 이기고 물리치는 힘을 갖게 된다. 그리고 그 힘으로 어떤 상황이 오든 초연해진

다. 적이 많다고 외로워하지 마라. 머지않아 그들이
당신에게 애정을 표현하러 오리라. 당신이 원하는
것을 주러 오리라.

방관하라

'헬리콥터 부모'를 아는가? 이는 자녀의 주위를 맴돌며 간섭을 멈추지 않는 부모를 일컫는다. 이런 부모는 아이를 한시도 가만히 놔두지 않는다. 아이와 부모는 마치 자웅동체처럼 하루를 같이 보낸다. 헬리콥터 부모의 일과는 아이를 학원에 데려다 주는 것부터 아이의 간식과 준비물을 챙기는 것까지 아이에게 초점이 맞춰져 있다. 그렇다면 이렇게 극진할 정도의 관심을 받는 아이는 건강할까?

아니다. 그들은 부모의 간섭이 불안에서 비롯된 것임을 안다. 아이는 부모의 초조한 잔소리에 시달려

무기력하고 우울해한다. 그리고 부모가 지적하는 자신의 부족함에 파묻힌 채 낮은 자존감을 가지고 살아가게 된다. 자녀를 더 좋게, 낫게 고치려는 부모의 욕심이 아이를 망치는 것이다. 사랑한다는 이유로 상대방에게 많은 요구를 하는 이들이 종종 있다. 하지만 정말로 아끼고 귀중히 여긴다면 그저 방관하라. 지켜봐라. 그 사람의 여기저기를 재단하지 말고 있는 그대로의 모습을 허용하라.

불안이 아닌 신뢰의 눈길로 상대방을 바라보기만 해도 변화는 시작된다. 사람의 변화는 외부에서 개조되는 게 아니다. 바로 자신의 내면에서 달라져야겠다고 느낄 때 사람은 변화한다. 바뀌길 바라는 사람이 있는가. 그렇다면 먼저 기대하는 마음을 갖되 아무 말 없이 옆에 있어라. 그러면 상대방은 그 마음에 반응한다. 그리고 맞추려고 노력한다.

파생금융상품 분야에서 주목 받는 안동현 서울대 경제학부 교수는 자신을 키운 아버지의 교육 방침을 한마디로 정의했다. 바로 "네 인생은 네가 알아서 해라."이다. 고등학생 시절, 그가 밤늦게까지 놀다가 야간통행금지로 경찰서에 잡혀가 아버지는 그에게 네가 알아서 하라는 한마디 말만 했다. 아버지의 그 말은 아들인 그에게 믿고 기다려 준다는 의미로서 다가왔다. 신뢰를 바탕으로 한 부모의 방관 덕분에 그는 자신감을 회복하고 자신의 인생을 성공적으로 꾸려나갔다.

잘 되기 원하는 누군가가 있다면 내버려 둬라. 자신과 같이 변화하라고 강요하지 마라. 변화를 강권할수록 사람들은 불쾌해하고 저항한다. 결국 변화를 요구하는 이를 멀리하며 관계를 단절한다. 오히려 남아 있던 변화의 싹까지 잘라버리는 결과를 낳을 뿐이다.

팀의 실적을 위해 변화가 필요한 팀장, 아이의 성적을 올리기 원하는 부모, 보다 좋은 만남을 위해 단점을 고치기 바라는 애인 모두 자신의 욕심을 내려놓자. 사람의 손으로 만든 조화는 죽은 꽃이다. 그러나 다듬어지지 않은 길가의 꽃은 생명력으로 사람의 시선을 멈추게 한다. 방관하고 바라보라. 그는 거친 황야에서 당신이 원하는 것보다 더 많은 일을 해내게 될 것이다.

진정한 어른에게는 아이가
숨어 있는데 그는 항상
놀고 싶어 한다.

니체

놀라

여름에는 가만히 있어도 땀방울이 맺힌다. 낮에는 기온이 30도 이상 올라서 불쾌지수를 높이고 밤에는 열대야 때문에 잠을 이룰 수가 없다. 일을 해야 하고 밥도 먹어야 하며 운동도 해야 하는데 도무지 더워서 아무것도 하지 못하고 축축 처진다. 숨을 쉬는 것 외에는 가만히 앉아서 생각만 해도 왠지 버겁기만 하다. 만사가 귀찮아지는 여름이면 맥이 풀린다.

이렇게 몸을 움직이는 것조차 힘든 날에도 무언가 해야만 한다고 생각하는가. 회사에서는 실적을 올려야 하고 그러기 위해서는 자신의 몸을 챙기기 위해 건강식품을 먹어야 한다. 때로는 다이어트를 위해서 동네 산책이라도 해야 한다는 강박에 시달리고 있다. 우리는 모든 일에 불안을 느끼며 그동안 유지해 온 일과를 오늘도 진행하지 않으면 삶이 어그러질 것 같아 전전긍긍한다.

하지만 괜찮다. 놀라. 날씨를 핑계 삼아 좀 쉬어 가자. 끊임없이 생각하고 달려야 하는 인생살이에 휴식이 필요하다. 아무 노동도 하지 말자. 태평할 수 있는 시간에 자신을 맡겨라. 즐겨라. 천하태평해도 아무도 뭐라 할 사람 없으니 지금 이 순간 편안히 눈을 감아라. 숨을 쉬기만 하면 된다. 24시간 스트레스로 경직되어 있는 몸이 풀리는 기분이 들 때까지 천천히 호흡해라. 이완되고 있는가. 이제 좀 살만한 세상이라고 느껴지는가.

현대인은 바쁘다. 학생은 대학 문을 넘기 위해

밤낮 가리지 않고 공부한다. 어렵게 대학에 진학하면 취업을 위해 토익 점수를 높여야 하고, 학점을 따야 한다. 쉬어 갈 새가 없다.

치열한 경쟁 끝에 직장인이 되면 종일 긴장 상태다. 상사 눈치 보랴, 나보다 잘난 후배에게 뒤지지 않으려고 기 쓰랴. 몸이 열 개라도 부족하다. 바쁘고 싶지 않아도 바쁘게 만드는 이 세상. 뛰다가 걷다가 생각하다가 그것을 다시 반복하다가. 우리는 이렇게 복잡하면서도 단조로운 생활에 찌들어 가고 있다.

여기에 놓인 '나'는 다 제쳐 두고 놀 필요가 있다. 너도나도 능률이 오르지 않는 이 시점에 제대로 한 번 태평하게 놀아 봐라. '큰일이네, 어쩌지.' 이런 생각은 떨쳐 버리고 '어쩔 수 없어, 이왕 이런 거 다 잊어버리고 화끈하게 놀아 보자.'라고 생각하라.

갑자기 찾아오는 무기력증은 물리치기 어렵다. 월차 휴가와 연차 휴가가 괜히 있겠는가. 대부분의

사람들이 반복되는 업무와 스트레스로 지치기에
쉴 시간을 주는 거다. 태평해질 수 있고, 천하태평
하게 놀아도 이해받을 수 있는 유일한 이때를 놓치
지 마라.

찾지 마라

분명히 어딘가에 둔 것 같다. 싱크대였을까. 식탁이었을까. 아니면 안방 침대? 서재 책상 서랍에 둔 것 같기도 한데 도통 어디에 뒀는지 알 수가 없다. 텔레비전 소리를 줄이고 싶다는 생각만 계속 든다. 귓속을 왕왕 울리는 저 소리 때문에 집중이 되지 않는다.

텔레비전 화면 아래에 있는 버튼으로 조정을 하면 될 일이지만 찾아 놔야 나중에 편할 것 같다는 생각 때문에 멈추지 못하고 계속 두리번거린다. 어디 있지? 귀신이 곡할 노릇이다. 분명히 어딘가에 잘 두었을 텐데.

건망증을 토로하는 사람들의 일상이다. 찾고 또 찾다가 포기하고 편안한 마음을 가지면 문득 목표물을 발견하게 된다. 찾으려 한 물건은 예상치 못한 혹은 매우 빤한 곳에 고이 놓여 있다. 냉장고 안에 있거나 소파 위에 놓여 있는 리모컨. 한심하다는 생각에 한숨을 쉬기는커녕 찾았다는 안도감이 먼저 든다.

우리는 건망증에 걸린 사람처럼 늘 무언가를 찾는다. 꿈, 사랑, 돈, 명예…. 청소년기에는 주로 꿈을 찾고 성년이 지난 후에는 사랑을 찾는다. 그리고 더 나이가 들면 들수록 돈이나 명예를 찾아 욕심을 낸다. 그것에만 집착하는 경향을 보이기도 한다. 때로는 노력만으로 되지 않으니 편법을 써서 타인을 속이기도 한다. 이렇듯 끊임없이 무언가를 찾고 갈망하는 존재가 바로 인간이다.

그래서 만족하는가. 찾고 찾아 헤매도 원하는 만

큼 얻지 못한다. 자신이 이루고자 하는 게 어디에 있는지 도통 알지 못하기 때문이다. 너무 몰두해 있기 때문에 보이지 않는다. 정작 찾으려 들면 나타나지 않는 물건처럼 우리가 추구하는 무언가도 그렇다.

찾지 마라. 편안히 있으면 저절로 꿈이 생긴다. 사랑이 다가온다. 자신이 맡은 일만 착실히 이행하면 그만큼 돈과 명예가 따라온다. 찾으면 찾을수록 저 멀리 달아나는 게 목표물이다. 어디론가 숨어 버리는 게 그것이다.

"소중한 것은 가까이에 있다."

누군가 말했다. 우리에게 소중한 것은 늘 가까이에 있다고. 찾지 않아도 곁에 있는 듯 없는 듯 그렇게 '존재'하는 것이다. 찾지 말고 편안히 있어라. 때가 되면, 혹은 아주 우연히 발견할 것이다. 당신은 그때 이렇게 탄성을 질러 주면 그뿐이다.
"아하! 여기에 있었구나!"

까불어라

검은 선글라스에 성냥개비를 물고 쌍권총을 쏘던 영화 〈영웅본색〉의 주윤발을 기억하는가. 목숨보다 의리와 신념을 외치던 주윤발은 동양의 터프가이였다. 바바리코트를 휘둘러 입고 비장한 표정으로 적에게 가던 그의 모습은 당시 남성들의 핫 아이콘이었다.

당시 길거리를 지나다니는 사람마다 검은 선글라스를 쓰고 바바리코트를 입고 멋을 부렸다. 그리고 한껏 진지한 어투로 주윤발의 명대사를 따라하곤 했다.

"형은 새 삶을 살 준비가 되었는데 넌 왜 형을

용서할 용기가 없는 거야. 형제란…."

그렇게 숨죽이며 바라보던 영화 속 주인공 주윤 발은 시간이 흐르며 사람들에게 잊힌 존재가 되었다. 터프가이는 사라진 것이다.

한껏 무게를 잡고 침묵으로 일관하던 그들 대신 다소 방정스러운 연예인들이 그 자리를 차지했다. 시종일관 가만히 있지 못하고 춤을 추며 웃고 떠드는 사람들로. 그들은 자신의 얼굴이 못생겨 보여도, 약점이 드러나 웃음거리가 되어도 인상을 찌푸리지 않는다. 그저 웃는다. 웃음으로 때운다.

여성들도 가식과 내숭을 버리고 자신을 활짝 드러낸다. 이미지 관리를 위해 철저하게 자신의 단점을 가리며 신비주의를 표방하던 옛날과는 다른 모습이다. 그리고 그들이 출연하는 프로그램의 분위기 또한 변화했다. 격식에 갇힌 프로그램 틀에서 벗어나 한층 더 유연하고 자연스러운 유쾌함을 방송

했다.

이런 부드러움은 바로 그들의 낮춤에서 비롯된다. 그들은 상대에게 자신의 콧대가 높음을 드러내지 않고 먼저 약함을 보여 준다. 강한 척하던 위선을 버리고 스스럼없이 사람들에게 다가가는 그들을 보며 친근함을 느낀다.

이제 남들에게 보이기 위한 이미지는 벗어 던져 버려라. 우스꽝스러워도 까불어라. 다소 자신의 위상이 낮아진다 해도 까불며 웃어라. 그러면 사람들은 당신을 즐겁고 상쾌한 사람으로 기억할 것이다. 그리고 늘 곁에 두려고 할 것이다.

"개그맨이 아닌데 왜 난 늘 사람들 앞에서 웃고 까불어야 해."라는 생각은 접어 두고 그저 시종일관 까불어라. 나를 드러낼 수 있다면 깔깔거리며 웃어라. 그러면 당신에게 성공할 수 있는 기회는 많이 찾아올 것이다. 그리고 많은 사람들이 당신을 기억하며 높여 줄 것이다. 딱딱한 이보다 부드러운 미소가 드러날 때 사람들의 마음은 열리게 된다. 그들의 마음에 오래 남아 있기를 원한다면 오늘부터 시작해 보자. 솔직한 당신의 모습으로 웃으며 까불어라.

욕하라

"**칭찬은** 고래도 춤추게 한다."

이 말대로 정말 칭찬은 고래를 춤추게 한다. 고래뿐만 아니라 강아지도 칭찬에 약하다. 주인이 자신이 키우는 강아지를 칭찬하면 춤을 추는 것을 뛰어넘어 펄쩍펄쩍 뛰기도 하고 벌러덩 누워 뒹굴기도 한다. 그러나 사람은 강아지나 고래와는 다르다. 칭찬만 가지고 사람을 움직일 수 있을까.

"참 잘했어! 박수! 박수!"

누군가 당신에게 계속해서 이런 칭찬의 말을 할 때 기분이 좋기만 한가. 춤을 추고 싶은가. 날아갈

듯 행복한가. 아니다. 운동선수나 무대에서 열창을
하는 가수라면 몰라도 너무 잦고 과한 칭찬은 유쾌
하지 않다.

이런 칭찬에는 어쩐지 음모가 있을 것 같다. 실
없어 보이기도 한다. 장점을 찾아내서 칭찬해 주
는 것도 좋지만 칭찬을 위한 칭찬보다 때로 따끔
한 욕을 하는 것이 자신에게도 상대방에게도 좋을
수 있다.

물론 이때의 욕이란 육두문자의 욕이 아니다.
자신이 생각하는 바에 대해서 가감 없이 말하는 것
이다. 거칠어도 생각 그대로 숨김없이 이야기하는
것이다. 싫은 점, 나쁜 점, 부족한 점 등을 다른 선
입감 없이 단순하고도 솔직하게 말하는 것이 오히
려 더 낫다.

이렇게 말할 때 우리는 더욱 투명하고 정겹다.
무조건 욕만 해서도 안 되지만 적당하게 투박한 말
은 관계를 허물없게 하고, 두텁게 만들며 그 상황을

적당히 긴강시켜 준다.

욕 잘하기로 유명한 연예인 김구라가 대표적인 경우다. 공중파 방송에서 다른 연예인들이 감히 하지 못하는 독설과 패러독스, 단점을 지적하는 거침없는 욕설은 그의 트레이드마크다. 그러나 어느 누구도 그를 미워하거나 앙심을 품지 않는다. 그의 욕은 없는 말로 음해하는 것이 아니라 있는 그대로를 다소 거칠고 시원하게 말하는 것이기 때문이다. 우리는 그런 그를 보며 통쾌해하고 정을 느낀다.

이제 형식이나 예의를 갖추려고 칭찬하지 마라. 허세와 허영으로 만나지 말고 좀 더 솔직해지자. 그래서 겉만 아는 것이 아니라 속까지 알면서 가까워지자.

친목의 한 도구로 욕을 사용하라. 욕을 하되 김구라처럼 하라. 농담 섞인 욕하는 기술을 배워라.

재치와 유머가 있는, 답답한 속을 긁어 주는 욕을
하라. 꾸밈없는 친밀감이 세상을 밝고 건강하게 할
것이다. 사람들이 당신을 더 신뢰하게 될 것이다.

누구도 달성해 내지 못한
성취는 누구도 시도한 적 없는
방법을 통해서만 가능하다.

프란시스 베이컨

배우지 마라

오전 6시, 아직 어둠이 어슴푸레 남아있는 시간인데도 서울 학원가는 대낮처럼 환하다. 잠이 덜 깬 채로 헐레벌떡 학원으로 달려가는 직장인과 학생들이 보인다. 강사의 말에 무의식적으로 고개를 끄덕이며 적는 그들의 모습에 피곤한 기색이 역력하다.

낮 12시, 점심시간에 회사를 나서는 직장인의 발걸음이 바쁘다. 한 손에는 간단한 요깃거리를 들고 어디론가 향하고 있다. 그들이 도착한 곳은 다름 아닌 학원. 요가, 컴퓨터 등을 배우기 여념이 없다.

저녁 7시, 퇴근 시간 때에 직장인들이 무리 지어

수업을 듣고 있다. 회사에서 권하는 역량 강화 프로그램을 이수하기 위해서다. 이외에도 이 시간에 학생, 직장인, 주부 너나 할 것 없이 학원에서 무언가를 배우고 있다.

우리는 경쟁 사회에서 도태되지 않기 위해 배우고 또 배운다. 하루라는 짧은 시간에도 계속 강사, 교사로부터 가르침을 받는다. 배워서 남 주랴, 라는 말처럼 배운 모든 것이 자신에게 살이 되고 피가 되리라 믿는다. 이런 믿음 아래 습관적으로 배우는 이들에게 당부하고 싶다. 차라리 배우지 마라.

새로운 지식을 얻는다는 의미에서의 배움, 그 뜻은 참 좋다. 그러나 그 지식을 어떻게 얻느냐에 따라 효과는 천양지차이다. 우리는 어렸을 적부터 수동적으로 지식을 습득해 왔다. 선생님 말씀 잘 듣고, 하라는 대로 공부해 왔다. 그래서 어른이 되어서도 무언가를 알고자 하면 누군가로부터 배워야겠다, 학원을 가야겠다고 생각한다. 혼자서 해 보라고 하면 할 줄 몰라 갈팡질팡하다가 이는 빠른 해결책이 아니라며 고개를 설레설레 젓는다. 이미 배움에 길들여져 의존적인 성향이 짙어진 것이다.

정말로 자신의 능력을 향상하고 싶다면 누군가의 도움에 의지하기보다 스스로 하라. 옆에서 가르쳐 주는 대로 똑같이 따라하면 자신이 원하는 커리어에 도달하지 못한다. 배움에는 한계가 있기 때문이다. 남이 가르쳐 준 한 가지 방법만 생각하다 보면 자신의 고유한 아이디어나 의견은 자취를 감춘다.

물론 가르침 없이 홀로 하는 게 손쉬운 방법은 아니다. 때로 답을 눈앞에서 놓치기도 하고 지름길을 두고 먼 길로 갈 수도 있다. 길이 막혀 답답할 수도 있지만 결국 자신이 찾아낸 방법은 오로지 나만의 것이 된다. 즉 누구도 가져갈 수 없는 비장의 능력이 된다.

그러니 홀로 고민하는 과정 없이 참고서를 펴지 마라. 남에게 어떻게 하는 거냐고 묻고 배우기 전에 내 안에 감춰진 능력을 믿고 끝까지 혼자 해 보라. 중요한 것은 얼마나 빠르냐가 아니라 고심하는 과정 속에서 얼마나 많은 생각을 했느냐이다. 문제를 놓고 고군분투하는 동안 사고의 폭을 넓어진다. 생각지도 못한 아이디어가 떠오른다. 남들과 다른 새로운 시도를 하게 된다. 그러나 답안지에 나온 해법에 기대는 이는 어느 순간이 되면 실력이 정체된다.

이와 달리 배움 없이 이것저것 시험해 본 이는 답을 구하기 위해 방황하는 초기만 지나면 실력이 일취월장한다. 결국 느리게 보이는 길이 실력을 쌓는 빠른 길이 되는 것이다.

질투하라

나무는 홀로 있을 때보다 그 옆에 한 그루의 나무가 더 있을 때 생육이 빨라진다. 곁에 있는 나무보다 흙 속의 영양분을 더 많이 빨아들이기 위하여 뿌리를 깊숙이 내리고, 햇빛을 조금이라도 더 받기 위하여 가지와 잎을 뻗기 때문이다. 이는 일종의 경쟁이기도 하지만 생존에 대한 서로 간의 질투이기도 하다.

사람도 마찬가지다. '질투는 나의 힘'이라는 말이 있듯이 질투는 그야말로 힘이다. "사촌이 땅을 사면 배가 아프다."라는 우리나라 속담이 있다. 친척이기에 사촌에게 축하한다고 말하지만 마음속으로는 부러움과 질투를 가진다. 이게 바로 인간의 속성이다.

그동안 질투는 나쁜 속성으로 규정되었다. 마크 트웨인은 "연민이 삶이라면 질투는 죽음."으로 표현했으며 소크라테스는 "질투는 영혼의 종기."라고 이야기했다.

그러나 이는 피해야 할 감정이 아니다. 질투는 소모적인 감정에서 끝나지 않고 변화하려는 행동까지 이끌어 내기 때문이다. 예로 사촌이 땅 산 것을 질투하는 자는 자신도 사촌과 같이 부자의 대열에 들기 위해 더 일을 한다. 그리고 마침내 그도 부를 얻는다.

질투로 득을 본 이야기는 우리 주변에 많이 있다. 법대를 졸업하고 늘 같이 어울려 다니던 친구들이 있다. 그중 한 명이 고시에 합격했다. 그의 친구들은 축하하면서 내심 질투심을 가졌다. 그리고 그들은 고시에 합격한 친구를 생각하며 나태해지는 자신을 채찍질했다. 이전보다 더 많이, 더 집중하여 공부를 했다. 한 사람을 향한 질투는 그들이 마음을 다잡는 계기가 되었고 결국 그들 모두 고시에 합격했다.

질투가 꿈을 이루게 하는 촉매제로 쓰이는 경우도 있다. 늘 친하게 지내며 소설을 공부하던 친구 세 명 중 한 명이 유명한 작가가 됐다. 이를 본 한 친구도 곧이어 문단의 젊은 작가로 등단했다. 친구들이 모두 작가가 되었지만 나머지 한 친구는 그렇지 못했다. 글을 쓰는 방법도 그들과 달랐고 다양한 장르에 관심이 많아 작가가 되는 데 시간이 오래 걸렸다.

친구들은 문학상을 타 상금을 받고 책을 출간해 언론 매체에 오르내렸다. 이를 지켜보는 마지막 한 친구는 괴로웠다. 그는 심한 질투감에 그들보다 더 좋은 글을 쓰리라, 생각하며 친구들과의 만남을 멀리했다. 결국 앞서 데뷔한 두 친구를 향한 질투의 힘이 마지막 세 번째 친구를 데뷔시켰다. 이윽고 제일 뒤늦게 등단한 친구는 다른 두 친구보다 더 훌륭한 작가로 주목받기 시작했다.

질투는 사람을 성장시킨다. 서로가 더 높은 곳으로 뛸 수 있도록 도움을 주는 구름판이 된다. 질투가 없는 사람은 성장할 수 없다. 이들에게 사랑, 일, 세상의 어느 것도 무미건조하다. 《사랑의 기술》이라는 저서로 유명한 로마의 시인 오비디우스는 "질투하지 않는 사람은 연애를 할 수 없다."라고 말했다. 사랑에도 질투가 필요하다. 비단 사랑뿐이랴. 공부하는 데도, 승진을 하는 데도 질투가 필요하다.

질투는 모든 음식에 들어가 그 음식의 맛을 내는 소금 같다. 소금이 없으면 음식이 얼마나 맛이 없고 밋밋하랴. 질투는 우리 삶에 간을 내는 좋은 양념이다. 질투를 잘 활용하여 간이 적당히 밴 맛있는 삶이 되게 하라.

소유하라

불교 경전인 《수타니파타》는 모든 것을 다 버리고 혼자서 가라고 말한다. 평생 열반의 길을 걷다가 작년 3월에 우리 곁을 떠난 법정 스님은 삶으로 무소유를 가르쳤다.

그때부터였을까. 우리는 무소유를 참된 진리로 받아들이고 있다. 저마다 무소유를 되뇌며 훌륭한 삶을 살다 가신 법정 스님을 기린다. 그러면서 성자의 삶을 따르지 못하는 속세를 탓한다. 무소유해야 하는데 경쟁, 자본주의 사회에 길들여져 버린 탓에 가져야 할 것이 늘어가기만 한다고 여긴다. 우리는 무소유가 정답인 걸 뻔히 아는데 행하지 못하고 있

는 자신을 자책한다. 무소유할 수 없는 현실이 싫어
서 회의감에 시달린다.

그렇다면 법정 스님은 무소유하지 못하는 우리
에게 죄책감을 심어 주려고 무소유를 당부하신 것
인가. 그렇지 않다. 스님의 참뜻은 '하나도 소유하
지 말라.'가 아니라 '쓸데없는 것을 갖지 말라.'이
다. 《수타니파타》의 무소유를 현실에 맞게 재해석
한 진리다.

故 김수환 추기경이 《무소유》 책을 가리키며 "이
책이 아무리 무소유를 말해도 이 책만큼은 소유하고
싶다."라고 했다. 이것이 무슨 말인가. 고귀한 것, 바
른 것, 참된 것, 훌륭한 것은 소유하고 싶어 해도 된
다는 말이다.

법정 스님은 《무소유》에 진정 소유해야 할 것을
담아 놓고 많은 사람들이 그것을 마음속에 가지길
바랐다. 김수환 추기경은 그런 법정 스님의 뜻을 읽
었고, 이 세상에는 반드시 소유해야 할 삶의 가치도

있다는 역설의 한마디를 전한 것이다.

소유하라. 무소유라는 강박관념에 시달릴 필요 없다. 현대사회를 살면서 무소유할 수는 없는 일이다. 이미 너무나 많은 것들을 소유하고 있는데 그것들을 어떻게 다 버리겠는가. 배움, 꿈, 가정, 부모, 자식, 일을 소유하고 있는데 무소유해야 한다고 하여 저버린다면 이는 무책임한 일이다.

이곳은 엄연히 속세다. 다 버릴 수 없는 속세. 더 많이 소유해야 더 높은 사람, 완벽한 사람이 되고 편안한 삶이 보장된다. 그러기에 현실에서 아등바등 살아가는 사람들은 아무것도 소유할 필요가 없는 이상적인 무소유의 세계를 동경하지만 그 진리를 좇을 수 없다.

그러니 순순히 인정하자. 소유하며 살아가야 함을. 소유하되 법정 스님이 내놓은 진리처럼 소유해야 할 것만 소유하라. 쓸데없는 것을 소유하려고 들지 마라. 추악한 것, 어두운 것, 거짓된 것, 불행한 것을 소유하려고 들지 마라. 그러면 악한 것에 휘둘리거나 집착하게 된다. 소유해야 할 것만 소유할 때 법정 스님이 우리에게 전하려 한 무소유의 참의미를 깨닫게 될 것이다.

못해라

사회에 입문한 순간부터 듣게 되는 말 한마디가 있다. 바로 '열심히 하는 것보다 잘해야 한다.'라는 말이다. 상사가 성과를 잘 내야 한다고 말하면 우리는 바짝 얼어붙는다. 머릿속에는 상사의 기대치만 생각나고 막상 어떻게 해야 할지 갈피를 잡지 못한다. 그와 동시에 마음속엔 '잘하지 못하면 어떻게 하나.' 하는 두려움이 스멀스멀 피어오른다.

이때 정말로 잘하고 싶다면 꼭 알아 두어야 할 것이 있다. 바로 '너무 잘하려고 하지 말 것.'이다. 잘하려 하다 보면 시작조차 할 수 없다. 흰 도화지에 이것저것 그려 보지도 않고 완벽한 선과 색을 찾아

내겠다고 종이만 뚫어지게 쳐다보게 된다. 그리고 붓을 들어 선 하나를 그려 놓고 밤새 고민한다. 이것이 과연 잘한 것인가에 대해 고심을 거듭한다. 그리고 이내 새 도화지를 꺼내 든다. '잘' 한다는 목표에 붙잡히면 계속 이런 상황이 반복된다. 결국 아무것도 이루지 못한 채 자신의 스트레스만 가중된다.

이제 잘하지 마라. 그냥 못하면 못하는 대로 가라. 회화 사상 가장 비싸게 팔린 〈넘버 5〉를 그린 미국의 화가 잭슨 폴록도 그 당시 그림을 잘 그리는 화가가 아니었다. 추상 표현주의 화가 중에서 지성적인 화가라면 예일대를 중퇴한 마크 로스코였고 평론가에게 그림 테크닉이 뛰어나다고 평 받은 화가는 드쿠닝이었다. 그런 화가들 사이에서 잭슨 폴록은 못하는 대로, 자신이 원하는 바대로 그림을 그렸다. 물감을 캔버스에 흩뿌리고 붓을 직관에 따라 움직여 액션페인팅의 대가가 되었다.

그 외에도 앤디 워홀이 실크스크린을, 마르셀 뒤

샹이 오브제를, 헤밍웨이가 간결한 문체를, 제임스 조이스가 의식의 흐름을 담는 산문을 발견한 것은 그들이 잘해서가 아니었다. 그저 그들은 자신이 할 수 있는 대로, 잘하지 못하더라도 새로운 뭔가를 이리저리 시도해 보다 예술을 발견한 것이다. 만일 그들이 타인이 말하는 '잘한다'에 목표를 두고 했더라면 이런 위대한 예술은 탄생하지 못했다.

못해도 된다. 그러니 시작하기도 전에 움츠러들지 마라. 사람들 앞에서 발표를 해야 하는가. 그런데 시작 전부터 두려워 다리가 후들후들 떨리고 식은땀이 나는가. 그러나 그 울렁증은 시작만 하면 곧 가라앉는다. 입을 열어 말하는 순간, 자신도 모르게 긴장감이 사라지면서 자신감이 생긴다. 어느새 웃으면서 사람들에게 유머를 던지기도 한다. 끝나고 보면 '별 것도 아닌데.'라는 생각이 절로 든다. 이처럼 막상 일에 부딪히면 예상외로 쉽게 해결되는 일이 많다.

　두려움과 실패를 먼저 생각하면 아무것도 할 수 없다. 못해도 시작하라. 새로운 일과 사람에 주눅들지 말고 소신 있게 행동하라. '못해도 괜찮아.' 라고 생각하다 보면 점차 용기가 생겨 "못할 것도 없지." 하고 말하게 된다. 그렇게 하나하나 성취해 나아가면 머지않아 자신이 바라던 완벽의 단계에 이른다.

　처음부터 완벽하려고 하지 말자. 인어공주가 물거품이 된 이유는 다름 아닌 왕자에게 완벽한 모습으로 다가가려고 했기 때문이다. 다리를 가지고, 목소리를 얻고 나서는 너무 늦다. 이웃나라 공주에게 왕자를 빼앗기고 비련의 주인공으로 사라진 인어공주를 기억하라. 그리고 지금 당장 시작하라. 당신이 할 수 있는 분량만큼만. 못하면 어떠한가!

슬퍼하라

오랫동안 같이 살아온 부부를 보면 그들의 외양이 참 많이 닮았다는 것을 느낄 수 있다. 특히 웃을 때의 눈가 주름이나 화가 날 때 찡그리는 미간 주름이 판에 박은 듯 똑같은 경우가 있다. 그들의 생김새가 비슷해 보이는 이유는 사람의 감정이 전달되어 같은 표정을 짓게 하기 때문이다.

한 사람이 하품을 하면 옆에 있던 사람도 자연스레 하품을 하는 것처럼, 누군가 웃음을 터뜨리면 주위에 있던 사람도 따라 웃게 된다. 슬픔도 이와 같이 쉬이 옮겨져 통곡하는 사람을 보면 그 마음이 짠해지곤 한다.

이렇듯 개인의 감정은 사람들에게 전해지고 전해져 결국에는 한 나라가 슬픔에 휩싸이고 아파하는 단계에 이르게 된다. 특히 눈물 많고 정 많은 우리 민족은 식민지 시대, 전쟁과 분단, 독재와 민주화 운동 등의 시대적 아픔을 개인 자신의 고통과 슬픔으로 느끼며 나누었던 적이 많았다.

그러나 요즘은 시대의 슬픔은 사라지고 개인의 고통만이 남은 사회가 되었다. 수많은 사건과 사고에 피상적인 슬픔만 있을 뿐 함께하는 고통과 아픔은 자취를 감췄다.

영화 〈시〉는 이런 현상을 한 여학생의 죽음을 통해 그려 낸다. 소녀의 죽음을 3천만 원으로 무마하려는 이와 그 죽음에 아무런 감정도 느끼지 않는 사람들, 그리고 결국 일상성에 매몰되는 소녀의 죽음은 타인의 고통과 슬픔에 무감각한 우리 사회와 조금도 다를 바 없다. 우리는 이를 통탄하고 매 순간 슬퍼해야 한다.

연이어 보도되는 사고에 무덤덤하다면 자신의 가슴이 메말랐다는 증거다. 슬퍼하라. 까슬까슬한 심장보다 애통함으로 눈물 젖은 심장이 되어야 한다.

메마른 마음은 이웃의 상처를 보지 못하고 더 덧나게 한다. 그리고 절망의 나락에 있는 이웃으로 하여금 최악의 선택, 자살을 하도록 만든다. OECD 국가 중 자살률 1위라는 불명예는 우리가 얼마나 주위의 슬픔에 무감각한지를 보여 준다. 대부분 자살을 기도하는 사람은 가족과 친구들에게 자신의 처지에 대해 응급 신호를 보낸다. 소중한 물건이나 선물을 나눠 주거나 죽은 주변인에 대해 언급, 또는 "사는 의미가 없어." "내가 없어지는 게 나아." "나는 아무짝에도 쓸모가 없어." 등의 비관적 언어로 자살 가능성을 암시한다.

그러나 사람들은 이에 대해 '그런가 보다. 그럴 수 있지.' 하고 넘겨 버린다. 이때 그들의 손을

잡고 그 고통에 공감했더라면, 그 아픔에 슬퍼하
며 안아 주었더라면 그들의 최종 선택은 죽음이
아닐 수 있다.

지금 바로 옆에 있는 이의 고통에 민감하게 반
응하고 슬픔을 공유하자. 기쁨을 나누면 한순간 들
뜨고 말지만 슬픔을 함께하면 좌절 가운데에 있는
이를 살려 낼 수 있다. 실의에 빠진 이를 구할 수 있
는 것은 어설픈 충고나 악어의 눈물과 같은 위로가
아니다. 오직 같은 마음으로 슬퍼하는 것만이 그를
일으켜 세울 수 있다.

제 4장 성공하고 싶은 자

알맞은 정도의 소유는
인간을 자유롭게 한다.
그러나 도를 넘어선 소유는
주인을 노예로 만든다.

니체

몽땅 다 써라

사람이 평상시 먹어야 할 하루 권장 칼로리는 여자는 2,000칼로리, 남자는 2,500칼로리다. 즉 살아가는 데 필요한 칼로리 섭취량은 아침, 점심, 저녁, 한 끼에 700칼로리다.

그러면 우리가 평상시 먹은 음식들의 칼로리는 어떤가?

밥 한 공기 300칼로리, 된장찌개 한 대접 100칼로리, 볶음밥 650칼로리, 라면 500칼로리, 자장면 600칼로리, 물냉면 600칼로리, 스파게티 700칼로리, 삼겹살 1인분 700

칼로리, 소주 1잔 80칼로리, 생맥주 1잔 180칼로리.

저녁에 친구와 삼겹살을 먹는다고 가정해 보자. 삼겹살 1인분은 700칼로리다. 거기에 함께 나오는 반찬들, 그리고 소주 한 병 모두 계산하면 거의 하루 권장량 칼로리가 된다. 그런데 여기에 아침 식사와 점심 식사의 칼로리까지 합하면 어마어마한 양의 칼로리를 축적한 것이다.

자장면 한 그릇을 먹고 그 칼로리를 연소시키려면 두 시간을 운동해야 한다. 과연 우리는 하루에 먹은 음식을 모두 다 에너지로 써 버리고 있는가. 아니면 저금하듯이 매일매일 몸 어느 한 구석에 쌓아 두고 있는가.

우리가 쌓아 두고 있는 것은 연소되지 않은 칼로리만이 아니다. 게을러 재능을 다 쓰지 못하고, 나만 아끼다가 사랑을 다 주지 못한다. 오늘 하루

몽땅 다 써 버려야 할 것을 다음 날 아침, 아니 평생 두고두고 간직한다.

그렇다면 이렇게 모은 것이 가치 있게 남겨지는 가. 아니다. 썩어 버린다. 여름날 점심, 먹다가 남긴 음식이 아까워 그대로 남겨 두면 어떻게 되는가. 시간이 지나 저녁이 되면 상한다. 시큼하고 비린 맛이 나고 역한 냄새가 풍겨 먹지도 못하고 버린다.

이는 음식에만 통용되는 법칙이 아니다. 아홉을 가졌음에도 불구하고 열을 채우기 위해 쓰지 않고 모으는 사람들, 열을 채우고 나면 스물을 채우기 위해, 백, 천, 만을 채우기 위해 살아가는 사람들이 깨우쳐야 할 진실이다.

그러니 모두 소비해야 한다. 그렇다면 어떻게 써야 하는가. 자신의 계발을 위해서 쓰고 불우한 이을 위해서 쓰고 더불어 살기 위해서 써야만 헛되지 않는다. 자신이 가진 것을 올바르게 쓸 때에 자신

또는 사람들에게 가치 있게 쓰인 아홉의 열을 채우려 애쓰지 않아도 된다. 아홉은 미래에 대한 투자가 된다. 훗날 자신이 쓴 것보다 100배의 결실이 되어 돌아온다. 그것이 바로 버리면 얻는다는 무소유의 속성이다.

우리에게 내일은 없다. 내일 어떻게 될지 모른다. 지금 이 순간, 내가 호흡하고 존재하는 이 순간을 위하여 몽땅 다 쓰자. 남겨 놓고 잠들지 말자. 남기고 죽지 말자. 죽을 때 내 것은 없다. 그러니 살아 있을 때 이 세상에 모두 다 주고 완전연소하자.

떨어져라

혼자 있으면 나 자신과 이야기할 수 있다. 내 참모습을 되돌아볼 수 있다. 그러면서 주변에 있는 사람들이 얼마나 소중한지 알게 된다.

혼자 있으면 책을 읽게 된다. 책 속에서 더 큰 세계와 깨달음을 만난다. 혼자 있으면 걷다가 허리를 구부려 발밑에 낮은 풀을 보게 된다. 그리고 풀잎 위 이슬방울이 얼마나 아름다운지 깨닫는다.

때로 하늘도 올려다본다. 노을도 보고 별도 본다. 자라투스트라는 "멀리 있는 것은 멀어서 아름답다."고 말했다. 그의 말처럼 혼자 있으면 늘 보는 풍경이, 벗이 아름다워 보인다.

때로 혼자 있는 시간을 가져라. 혼자 점심을 먹으며 고요 속에서 밥과 반찬이 입에 씹히는 것을 느껴 보라. 하루에 30분씩만이라도 혼자 산책을 하고 1년에 한 번씩만이라도 혼자 여행을 떠나라.

떨어져라. 때로 일상으로부터, 벗으로부터, 끊임없이 이어지는 모임과 만남과 친목으로부터 떠나라. 같이 있되 혼자 있어라. 레바논의 시인 칼릴 지브란은 그의 시에서 이렇게 말한다.

함께 있되 거리를 두라.

그래서 하늘 바람이 너희 사이에서 춤추게 하라.

서로 사랑하라. 그러나 사랑으로 구속하지는 마라.

그보다 너희 혼과 혼의 두 언덕 사이에 출렁이는 바다를 놓아두라.

서로의 잔을 채워 주되 한쪽의 잔만을 마시지 마라.

서로의 빵을 주되 한쪽의 빵만을 먹지 마라.

함께 노래하고 춤추며 즐거워하되 서로는 혼자 있게 하라.

마치 현악기의 줄들이 하나의 음악을 울릴지라도

줄은 서로 혼자이듯이.

서로 가슴을 주라. 그러나 서로의 가슴속에 묶어 두지는

마라.

오직 큰 생명의 손길만이 너희의 가슴을 간직할 수 있다.

함께 서 있어라. 그러나 너무 가까이 서 있지는 마라.

사원의 기둥들도 서로 떨어져 있고

참나무와 삼나무는 서로의 그늘 속에선 자랄 수 없다.

언젠가부터 사람들은 혼자 있는 것을 두려워하게 되었다. 혼자 있으면 외톨이로 보거나 대인관계가 원만하지 않은 사람으로 보기 때문이다. 영화를 볼 때도, 식당에서 밥을 먹을 때도 혼자 있는 사람

은 거의 볼 수 없다.

떨어져라. 칼릴 지브란의 시처럼 서로 사랑하되 사랑으로 구속하지 마라. 혼과 혼의 두 언덕 사이에 출렁이는 바다를 놓아두어라.

헤어져라

한국의 이혼율이 50퍼센트에 이르는 시대에 접어들었다. 세계적으로 한국은 이혼율 상위 국가다. 미국, 스웨덴에 이어 3위이며 매일 840쌍이 결혼하지만 398쌍이 이혼한다. 이런 수치를 반영하듯 한국의 이혼율은 아시아에서 1위다. 1998년부터 일본을 훨씬 앞질렀고 줄곧 최고의 자리를 지켰다.

부끄러운가. 그럴 필요 없다. 예전과 달리 한국 사회에 현명한 부부가 늘었다는 증거다. 과거에는 헤어지는 편이 나아도 참고 사는 부부가 많았다. 언젠가는 좋은 날이 있겠지 스스로 위안하며 세월을 보내다가 뒤돌아보니 늙고 병든 노인이 되어 우울증 치료약을 먹으며 남은 생을 보내는 경우를 수없이 봤다.

조금만 더 참아 볼까 하루에도 몇 수십 번씩 고민하는 부부, 이제 고민은 그만해라. 아이 때문에 어쩔 수 없이 살아야 된다고 생각하지 마라. 편부모 가정에서 자라면 아이가 삐뚤어질까 봐 걱정하지 마라. 엄마 아빠가 서로 상처 주며 불행하게 사는 모습을 보는 게 아이에게 더 안 좋다.

부부 싸움, 폭언, 메마른 감정 등은 아이에게도 고스란히 전달된다. 그러니 양육권을 분명하게 처리하고 각자 독립적으로 당당하게 살아라. 그러면 부모 자신도 얽매이는 것에서 해방되어 좋고 아이 또한 심리적으로 안정감을 찾는다.

결단을 내리고 새 인생을 찾아라. 헤어질 줄도 알아야 한다. 사회 제도나 사람들의 시선, 감당할 수 없는 책임감에 묶여서 자신을 꾹꾹 눌러 참으며 사는 짓, 하지 마라.

물론 사람 간에 정을 떼는 게 쉬운 일은 아니다. 헤어지고 나면 아쉬움에 오만 가지 생각이 든다. 결혼을 했고 부부라는 인연을 맺었는데 너무 성급하게 헤어지지 않았는지, 배우자를 붙잡고 만남과 헤어짐에 대해 더 진지한 대화를 나누어 볼 걸 그랬나 하는 미련이 밀려들 것이다.

미련이 지나가면 자신을 뒤돌아보게 된다. 배우자로서 자신은 어떠했는지, 어떤 점이 부족했는지. 그리고 다음에는 어떻게 사람을 대해야 할지 깨닫게 된다. 되짚어 보고 반성하며 내면을 발전시킬 시간을 갖게 된다. 헤어졌기에 가능한 일이다.

상처 난 자리에 새살이 돋아나듯 헤어짐 뒤에 또 다른 만남이 온다. 다시 만나게 된 인연이 그때 헤어진 사람일 수도 있고 새로운 사람일 수도 있다. 헤어졌다가 다시 만난 경우라면 이전과 다른 성숙

한 모습으로 서로를 대할 수 있다. 또한 새롭게 인연을 만난 경우라면 이전에 저지른 자신의 부족을 두 번 다시 저지르지 않기 위해 몇 갑절 노력할 것이다.

헤어져라. 헤어져 본 사람만이 다시 시작할 수 있다. 그리고 한결 더 신중하고 여유 있게 관계를 지속할 수 있다. 다음 인연에게 좀 더 멋진 사람으로 다가서고 싶다면 질질 끌지 말고 지금 헤어져라.

들지 마라

호리바 그룹의 최고 고문이자 창업자인 호리바 마사오 사장. 그는 세계 각국에서 자동차 등 내연기관 관련 분야의 연구 개발, 반도체 제조 공정에서의 분석 및 측정 등 폭넓은 분야에서 인정받고 회사의 경영자다. 그가 늘 직원들에게 권하는 말이 있다. 바로 "듣지 마라."라는 말이다.

"나와 같이 일하는 사람은 나와 다른 생각을 갖고 있어야만 존재 가치가 있는 법이다. 나와 똑같은 생각을 가지고 있다면 차라리 그 월급을 내게 달라고 말하고 싶다."

그의 경영 마인드를 잘 드러낸 말이다. 이 말은 세상에 똑같은 의견과 생각을 가진 사람은 필요하지 않다는 말로 요약된다. 사회와 기업 차원에서 창의력이 없는 사람은 존재 가치가 없다는 말이며 큰 손실을 야기한다고 말하고 있다. 또 남의 말에 귀를 기울여 상대의 논리에 자신의 의견을 없는 행위도 행해서는 안 된다는 뜻이다. 이는 작게는 당신 개인에서 크게는 국가적인 차원에서도 막대한 손해를 가져오기 때문이다.

보통 사람들은 위인의 생각이 자신과 같다고 기뻐한다. 그러나 착각이다. 위인의 생각은 그의 생각일 뿐 당신의 생각이 될 수 없다. 즉 같은 생각을 했다는 빤한 논리를 드러내는 것이다. 이러한 사고를 복제하는 인간은 결코 세상을 움직이는 힘을 갖지 못한다. 획일화된 사람들의 사고는 아이디어를 창출하는 데 아무런 도움이 되지 않기 때문이다.

당신을 드러내라. 내면의 소리를 듣고 말하라. 타인의 의견을 수용하는 가운데 그와는 다른 의견을 제시하므로 한 단계 앞서 나가는 경쟁력을 길러라. 남다른 사회의 구성원이 되어야 할 때다.

"듣지 말고 나를 말하라."

급변하는 사회에 중심이 되고자 한다면 아이디어 경쟁에 뛰어들어야 한다. 일상에서 찾을 수 있는 당신만의 아이디어로 승부수를 던져야 한다. 주변을 돌아봐라. 아이디어는 무궁무진하게 널려 있다. 아이디어 뱅크가 될 준비가 되었는가. 이제 머릿속에 차곡차곡 쌓아 보자. 유추해 낸 생각들을 저장하자.

남의 말에 수긍하고 그에게 호응해 주는 것도 남과 더불어 살아가는 길이겠지만 남의 말을 듣고 마치 그것이 당신의 의견인 양 떠드는 것은 이제 그만하자. 그것은 지금 당장 당신의 창의력을 소멸시키는 지름길이 될 것이다.

바로 듣고 나를 말하자. 나를 중심으로 아이디어가 사회에 파생되게 하라. 마치 나로 인해 사회가 움직이는 것처럼.

농담 섞인 진담으로
충고하는 것은 좋은 방법이다.

프란시스 베이컨

복수하라

기원전 6세기 말부터 지금까지 사람들의 입에 오르락내리락하는 이슈가 있다. 바로 복수다. 그리스 시대의 소포클레스의 《오이디푸스 왕》부터 복수를 테마로 한 막장 드라마까지 복수는 늘 우리 곁을 떠나지 않았다.

누구나 한 번쯤 사람의 마음을 자극하는 복수를 상상하고 꿈꿔 왔을 것이다. 그러나 주위 시선을 의식해 눈치를 보느라 또는 사람으로서 지켜야 할 도리, 선을 강요하는 사회로 인해 복수는 머릿속에서만 실행될 뿐 실제 행동으로 이어지지 않았다.

복수심을 가지는 것조차 금기시되는 시대에 사는 우리에게 복수는 그저 전설이 되어버렸다. 그러나 복수심은 선악이 공존하는 인간 본성의 일부분일 뿐 경멸할 것이 아니다. 화도 참으면 화병이 드는 것처럼 복수심도 마음속에 꾹꾹 눌러 담다 보면 이내 찾아오는 건 병뿐이다.

이제 마음껏 복수하라. 물론 영화나 소설에서처럼 무시무시하게 상대방을 폭행하라는 말이 아니다. 독기를 품고 하루하루 이를 갈며 자기 자신도 죽어 가는 그런 복수를 꿈꾸라는 말이 아니다. 내가 잘 살 수 있는 복수를 행하라는 말이다.

삶은 만남의 연속이다. 그 안에서 우리는 여러 사람들과 만나고 헤어진다. 예를 들어 남자에게 차였다고 해서 방 안에만 틀어박혀 자신의 존재를 질책해서는 안 된다. 더 아름다운 모습으로 변신해서 그 남자 앞에 나타나라. 기존에 자신도 알지 못했고 찾지 못했던 전혀 다른 자신의 모습을 상대에게 보여 주라. 얼마나 아름답고 당당한지를.

직장 상사가 부당한 말로 당신을 괴롭히는가. 그럼 정당하게 업무로 복수하라. 당신의 약점을 이용해 못살게 군다면 다음에 그 부족한 점을 보완하고 완전무장한 채로 상사 앞에 서라. 누구도 우위에 설 수 없을 정도의 실력을 갖추고 말이다.

파라마운트의 사장 로버트 에반스는 "잘 사는 것이 최상의 복수다."라고 말했다. 앙심을 품고 누군가에게 폭력을 휘둘러 화풀이를 하는 것이 아닌 당신 자신이 잘 사는 것이 최고의 복수라는 말이다.

칼날로 서로 긁히며 뒹구는 진흙탕 싸움 대신 나를 가꾸는 우아한 복수를 하자. 나중에 복수의 상대가 나를 보았을 때, 더욱 나아진 내 모습에 시기심을 느껴 배가 아플 만큼. 그러면 당신의 증오심

도, 마음속에 남아 있던 일말의 미움도 사라지게 될
것이다. 통쾌해질 것이다.

버려라

버리면 얻는다. 이것이 바로 무소유의 속성이다. 꽃잎이 자신의 아름다움과 향기를 버리고 떨어지는 이유는 열매를 얻기 위해서다. 가을에 나무가 제 이파리를 전부 버리는 이유는 빠져나가는 영양분을 최소한으로 줄여 겨울을 나기 위해서다.

인간이 무소유의 속성을 잃어버리고 욕심을 갖게 된 때는 언제일까. 아마 한곳에 정착하면서부터일 것이다. 정착을 해야 하니 지금 있는 곳에서 넓히고 높이고 쌓고 모으게 된다. 그러다 보니 자꾸 욕심이 생기고 더 많이 채우고 싶은 욕망이 생긴다. 이로 다툼과 전쟁이 일어나 불행해진다.

그러나 모든 이가 이렇게 축적하며 사는 것은 아니다. 버리고 떠나는 유목민의 삶에 축적은 부의 상징이 아니라 오히려 짐이다. 그렇다고 그들이 유별나게 특별해서 버리며 사는 게 아니다. 본래 인간은 정착하기 전에 유목민으로 살았고 먹을 만큼만 먹고 쓸 만큼만 쓰고 나머지는 자연으로 돌려보냈다.

그러나 요즘 시대에는 축적의 기술만 강조되어 버릴 줄 모르게 되었다. 사람들은 이것저것 가득 쌓아 놓고 어떻게 할 줄 몰라 불안에 떤다. 특히 버리지 못하고 살아온 사람들에게 죽음은 강도 같다. 죽음이 이제껏 축적해 온 수많은 재산, 명예, 빛나는 보석, 넓은 땅과 건물들을 모두 빼앗아 간다고 여긴다. 그들에게 죽음이 얼마나 허무하고 두렵고 안타까운 일이겠는가.

그러니 미리 버리는 연습을 해야 한다. 죽음 앞에서 자유하기 위해, 홀연히 이 땅을 떠나기 위해 하나씩 나누어 주고 쓰는 연습을 해야 한다. 혹 너무 버려 죽기 전에 궁핍한 삶을 살까 걱정스럽다면 이는 기우다. 누군가에게 자꾸 무엇을 주다 보면 더 좋은 것을 선물하고 싶어 더 벌게 되고, 또 베푼 것보다 더 많이 받게 되어 결국은 부자가 된다. 그러나 받는 연습만 한 사람은 거지밖에 되지 않는다.

홍콩의 액션 배우 성룡은 그동안 자신이 벌어 놓았던 전 재산을 자식에게 한 푼도 상속하지 않고 사회에 기부했다. 사람들의 질문에 그는 이렇게 대답했다.

"나의 아들이 현명하다면 나보다 더 많은 돈을 벌 수 있을 것입니다. 그러나 나의 아들이 어리석다면 나의 전 재산을 물려준다 해도 탕진할 뿐입니다. 나는 아들이 현명하다고 생각합니다."

돈, 명예, 부, 욕심 등을 버리고 사는 연습을 하자. 버리는 연습에 있어서 무엇보다 중요한 것은

‘어디에, 어떻게 버려야 할 것인가.’ 이다. 여기에 훌륭한 본보기가 되는 사람들이 있다. 자신의 모든 것을 버리고 자식들에게 헌신하여 훌륭한 자녀들을 키워 내는 어머니, 목숨을 버리고 나라를 구하는 독립 운동가, 명예와 부를 버리고 아프리카 오지로 들어가 의사가 된 슈바이처 박사…. 그렇게 버리고 사는 사람들이 있어 세상은 아직 아름답다.

비관하라

대개 사람들은 비관론보다 낙관론을 더 좋아한다. 이는 우리에게 불안이나 고통을 헤쳐 나갈 힘이 부족하기 때문이다. 감당할 수 없는 어떠한 문제가 코앞에 닥쳐 엎치락뒤치락할 때 우리는 눈을 감아 버린다. 그리고 눈을 감은 채 상상한다.

'잘 될 거야. 걱정 마. 이 순간만 지나면 모든 게 괜찮아질 거야.'

하지만 감은 눈과 닫아 버린 귀로는 다가오는 문제를 피할 수도, 막을 수도 없다. 그저 시간이 빨리 지나가 주길 넋 놓고 기다리는 꼴이다. 어느 한 순간 자신의 인생에 찾아온 불운이 잠깐 지나가는 먹구름이라 생각하며 손 놓고 기다려 봐야 달라지는 것은 아무것도 없다.

무조건적인 낙관에서 벗어나자. 문제점을 찾아내고도 못 본 척하며 이상만 품지 말고 현실을 올바르게 직시하자. 그리고 비관적으로 보이는 미래에 맞서야 한다. 눈을 크게 뜨고 귀를 열어 질타를 들어야 한다. 두려워하지 말고.

30여 년 전 일부 과학자들은 온실가스에 의한 온난화를 위협으로 바라보지 않았다. 하지만 오늘날 지구 온난화는 생태계를 파괴하고 있다. 기후의 변화로 인해 북극의 빙하가 녹고 가뭄과 폭우가 반복되는 나라도 있다. 만약 그 당시 온난화를 비관적으로 예측하고 이후 문제를 해결하려고 노력했다면 현재 이 어마어마한 피해는 최소화 할 수 있지 않았을까.

이렇듯 비관은 불편하지만 꼭 필요한 시각이다. 만약 축구 선수가 날아오는 공이 무서워 고개를 돌리거나 뒷걸음질 치기만 한다면 어떤 상황이 벌어질까? 아마도 그는 축구 경기를 끝까지 뛰지 못하고 퇴장당하고 말 것이다. 아무리 두렵더라도 당신에게 날아오는 공을 끝까지 노려봐야 한다. 그래야 공을 찰 수 있는 기회도 오는 것이다. 그리고 목표한 지점까지 공을 몰고 가 득점하는 것이다.

비관은 어둠과 절망으로만 이어지지 않는다. 진정한 비관은 어둠 속의 도약이다. 자신의 환부를 파내는 순간의 고통을 참아 내면 몸 안의 염증은 사라진다. 그리고 점점 상처가 아물어 이전의 절뚝거림은 사라지고 힘차게 뛰어다니게 된다.

이제 비관을 도움닫기 삼아 위장된 낙관이 아닌
진정한 긍정으로 도약하자. 당신의 나약함을 뛰어
넘는 깊은 긍정으로 말이다.

도망가라

도망가는 것이 최고다. 불리할 때, 상황이 좋지 않을 때, 시끄러울 때, 말해 봐야 소용없을 때, 도무지 문제가 해결 나지 않을 때, 같이 어울리고 싶지 않을 때, 술 마시기 싫을 때, 일이 점차 복잡하게 꼬일 때…. 도망가라!

그러나 무조건 도망가지는 마라. 이것저것 전략을 세우고 붙어 볼 만큼 붙어 본 다음에 최후의 수단으로 도망가라. 손자병법에 보면 36계三十六計 중 맨 마지막 차례에 주위상走爲上이란 계책計策이 있다. 이는 35가지 계책을 모두 시도해 보고도 승산이 없으면 마지막 방법으로 다음을 도모하기 위해

달아나라는 전략이다. 그래서 36계 줄행랑이라는
말이 나왔다.

일단 피하라. 손자병법은 도망가는 것도 뛰어난
전략이라고 말한다. 강한 적과 싸울 때는 퇴각하여
다시 공격할 기회를 기다리는 것이 현명하다. 이는
허물이 아니다. 상황이 좋지 않음에도 불구하고 부
하들에게 싸우라고 명령하는 상관은 바보다.

"일단 후퇴하라!"

드라마 전투 장면에서 가끔 나오는 대사다. 항
복이 아닌 일단 후퇴! 항복은 완전한 패배를 시인하
는 것이지만 도망간다는 것은 다시 기회를 잡기 위
해 피하는 것이다. 그러니까 도망이란 멀리 보면 기
다림이다.

도망은 발전 가능성이 있는 곳에서 최적의 때를
기다리는 것이다. 패배의 분위기가 짙은 곳에서 우
물쭈물 있지 않고 결단해 새로운 곳으로 떠나는 것

을 의미한다.

있어 봐야 말도 많고 탈도 많고 시끄러울 것이 빤한데 그 자리에 남아 있는 사람은 미련한 사람이다. 승산이 없는 곳에서 한 치 앞도 분간 못하고 또 이렇다 할 해결 방법도 가지지 못한 채로 미적거리고 있는 사람이다. 혹여 의리와 정 때문에 도망가지 못하는 것이라면 자신이 그들로부터 얼마나 많은 손해를 보고 있는지 확인해 보라.

2차, 3차 끝도 없이 이어지며 자기 자신도 무슨 말을 하는지 모르는 바보 같은 술자리. 만나면 늘 "어렵다, 힘들다, 안 된다, 좋지 않다."라고 말하는 친구. 단체라는, 협회라는 이름으로 모여 무리 진 이리 떼처럼 결탁한 사람들. 당신을 부정적으로 만들고 화나게 하는 모든 것으로부터 도망가라.

물론 도망가고 나면 외롭다. 미워도 고와도 살을 비비며 함께했던 무리 속에서 빠져나오면 당연히 외로울 수밖에 없다. 그러나 그 외로움을 뼈가

저리도록 느껴라. 그런 자만이 도망을 기회로 바꾸어 놓는다. 홀로 있을 때만이 온전히 자신의 상황을 되돌아볼 수 있다. 후일을 도모할 수 있다. 그러니 최악의 상황에서 택할 수 있는 최선의 방법은 고독 속으로 도망가는 것이다.

큰 의문은 큰 진보를 낳고
작은 의문은 작은 진보를 낳는다.
그러나 의문이 없으면
아예 진보도 없다.

톨스토이

주지 마라

"원 달러One dollar, 원 달러."

팔이 잘린 아이들이 관광객에게 매달려 구걸하고 있다. 나무를 등받이로 삼고 주저앉아 있는 한 여자는 자세히 보니 양다리가 없다. 구멍 난 윗도리라도 입고 있다면 그나마 다행이다. 물건을 만들어 팔 여력이 있다면 그나마 행운이다.

옷을 입지 못하는 게 당연하고, 밑천이 있어야 물건을 만들 재료를 구하는데 그조차 사치다. 그래서 캄보디아 아이들은 관광객을 향해 목이 터져라 외친다. 금세라도 눈물이 떨어질 것 같은 눈동자를 깜박이며 주문을 외듯 종일 웅얼거린다. 원 달러….

베트남전쟁의 희생 국가 캄보디아에서 흔히 볼 수 있는 구걸이다. 곳곳마다 아이들이 숨어 있다가 관광객을 향해 천천히 눈치를 보며 다가온다. 처음에는 혼자 온다. 사지가 멀쩡한 경우보다 장애를 가진 아이가 앞에 설 가능성이 높다.

맨발에 심하게 튼 온몸, 말라서 허옇게 일어난 눈물과 콧물이 묻어 있는 양 볼을 보면 어루만져 주고 싶고 그깟 1달러 손에 쥐어 주고 싶다. 그러나 이때 아이에게 돈을 주면 낭패다. 돈을 주는 순간 몇 수십 명의 구걸하는 아이들이 우르르 몰려온다. 아이들에게 둘러싸인 채 옴짝달싹 못하게 되는 건 순식간이다.

어떤 것도 주지 마라. 캄보디아에서 관광객을 상대하는 한국 가이드가 한 말이다. 돈을 주고 물건을 나누는 것은 저들을 죽이는 일이라고. 그들로 하여금 일하지 않고 구걸로 연명하게끔 만든다는 것

이다. 물론 1달러만 있으면 그들 온 식구가 일주일
은 먹고살 수 있다. 하지만 그뿐이다. 구걸하는 삶
에 미래는 없다. 가난만이 대물림될 뿐이다.

당신에게 누군가가 손을 벌리고 있다 할지라도
한순간의 동정심만으로 그를 돕지 마라. 그들에게
생각 없이 그저 돈을 주는 것은 악행을 저지르는 일
이다. 그들에게 힘을 주는 것이 아니라 오히려 그들
의 꿈을 빼앗고 의지를 약하게 하며 사회 부적응자
로 내모는 결과를 초래하기 때문이다.

돕지 마라. 돕지 말고 그들이 자립할 수 있는 다
른 방법을 찾아봐라. 노숙자에게 돈이 아닌 잡지를
주고 이를 팔도록 해 수익의 일부를 주는 영국의 잡
지 〈빅이슈〉처럼 자선이 아닌 자립의 기회를 주어
라. 이 잡지로 인해 영국의 많은 노숙자들이 자립했
다. 그리고 어떤 노숙자는 잡지 판매금으로 자신의

능력을 계발해 일러스트레이터가 되어 성공한 삶
을 살고 있다고 한다. 정말로 그들을 위한다면 무턱
으로 주지 마라.

꾸짖어라

몇 년 전 도올 김용옥 선생이 방송에 나와 강
의를 한 적이 있다. 그때 들었던 충격적인 말이 지
금도 잊히지 않는다. 그는 우리나라 어린이에 대한
이야기를 하는 도중 어린이날을 없애고 차라리 어
린이를 체벌하는 날을 정하라고 주장했다. 그 주장
은 꽤 자극적이면서도 어느 정도 수긍이 되는 말이
었다.

금쪽같은 내 새끼라는 표현을 쓸 정도로 우리나
라 부모는 아이에 대한 집착이 강한다. 아이가 잘못
을 저질러도 귀엽다고 하며 감싸 주기 일쑤다. 그러
다 보니 아이는 자신밖에 모르는 이기주의자가 되

어 커서는 타인과 사회를 배려하지 못하는 사회 부적응자가 되고 만다.

진심으로 자식을 올바르게 키우고 싶다면 원하는 것을 모두 주지 말아야 한다. 돈이 없어 아이가 원하는 비싼 장난감을 사 주지 못한다고 해서 부모가 가슴 아파할 필요 없다. 아이에게 미안해하기보다 그것을 살 수 없는 이유를 설명해 주어 아이가 올바르게 자신의 분수를 알 수 있도록 해야 한다.

또한 자녀들의 비싼 학원비를 마련하기 위해 도우미 일을 하는 부모도 마찬가지다. 아이에게 남들과 같은 교육을 시키지 못하는 게 마음에 걸려 궂은 일을 할 필요 없다. 차라리 학원비가 없다는 사실을 자녀에게 인식시키는 것이 최선의 방법이다. 다른 아이들과 달리 상황이 넉넉하지 않기 때문에 학원에 가지 않고 스스로 공부하는 법을 설명하고 아이가 이에 따르도록 만들어야 한다. 아이를 진정으로 꾸짖어 아이가 현실을 똑바로 보도록 하는 것, 그리고 자신의 상황을 받아들이도록 하는 것이 올바른 양육법이다.

진짜 꾸짖음을 듣지 않고 자란 이는 사회에 나가서 맥을 못 춘다. 이는 사회 또는 직장에서의 꾸짖음을 수용하는 힘을 키우지 못했기 때문이다. 갓 신입으로 들어온 젊은이들은 어설픈 점이 많고 실수가 잦다. 그렇기에 상사는 그들을 가르치며 꾸짖는다. 그런데 어려서부터 금쪽같은 내 새끼로 보호받고 못해도 칭찬만 받고 자라 온 이들은 지적을 견디지 못한다. 조금만 꾸짖어도 사직서를 던져 버린다. 그들을 위한 나무람을 수치로 받아들이고 모멸감을 느낀다. 꾸짖음을 견뎌 자양분으로 삼지 못하고 꼬꾸라진다.

독수리가 제 새끼에게 날갯짓을 가르쳐 주기 위해 높은 상공에서 떨어뜨리는 것처럼, 우리도 소중한 사람일수록 그의 발전을 위해 꾸짖어야 한다. 이

때 꾸짖음은 상대방을 헐뜯고 밀어내기 위한 도구가 되어서는 안 된다. 꾸짖되 가르침이 있는 꾸짖음이 되게 하라. 육하원칙 논리가 있는 꾸짖음이 되게 하라.

아이들이 세상의 모진 풍파를 이겨 내기를 바란다면 품 안의 자식으로 키우지 말고 꾸짖어라. 자녀들을, 학생들을, 직원들을 꾸짖는 것을 아파하거나 싫어하지 마라.

못되라

"**너 착한 아이** 콤플렉스구나?"

"그게 뭔데?"

"누구에게나 사랑받고 칭찬받고 싶고 아무에게나 미움받거나 비난받고 싶지 않은 거."

"생각해 보면 그런 것도 같다."

"넌 그냥 너야. 누가 널 사랑하지 않는대도 널 미워한대도 어쩔 수 없어. 그건 그 사람 사정이고 넌 그냥 너일 뿐이니까. 너무 힘들어하지 마."

한혜연, 《어느 특별했던 하루》

우리는 그동안 '착하다'라는 말에 길들여져 왔다. 오죽하면 어린아이들이 부르는 캐럴에 "산타 할아버지는 알고 계시지. 누가 착한 애인지, 나쁜 애인지. 오늘 밤에 다녀가신대."라고 되어 있지 않은가. 어른의 말과 달리 자신의 감정과 의견에 솔직한 아이는 '나쁘다'라고 여기고 선물도 주지 않는다는 잔혹한 노래를 우리는 아무렇지 않게 부르고 있다. 이제껏 우리는 착한 아이에게만 주는 사탕발림 꾸러미에 혹해 내밀한 감정과 정당한 의견을 버리고 살았다. 주변 사람들의 요구에 순응하면서 착하게, 그들이 원하는 대로 행동하지 않으면 사랑받을 수 없는 듯이 살아왔다.

그러나 정말로 착할 수 없다면 착하지 마라. 원치 않은 행동으로 자신의 자아가 부정적으로 뒤틀리고 우울해하면서까지 착한 척할 필요는 없다. 순자의 성악설처럼 우리는 본디 선하지 않다. 생명의 기본 특징은 살아남는 거다. 생존하기 위해서는 당연히 자기중심적이고 이기적이어야 한다. 야생이나 다름없는 경쟁 사회에서 희생하고 양보하다가는 누군가의 먹이가 될지도 모른다. 그러니 양심에 자책감을 느끼지 말고 감정과 생각을 자유로이 누려라. 먹잇감이 될 바에 욕구를 드러내고 본심을 말하라.

자신의 마음을 표현하지 못하는 이는 외롭다. 주위로부터 좋은 사람이라는 칭찬을 듣지만 이는 허망한 말에 불과하다. 아무도 알아주지 않는 가슴앓이로 거짓 자아는 날로 자라고 우울감은 증대된다. 그렇게 진정한 자아는 억압되어 어두운 심연으로 유배된다. 착한 아이 콤플렉스를 지닌 이들이 보이는 천사 같은 모습은 진짜 그들이 아니다. 마음속에서 이리저리 날뛰는 본성이 고통으로, 분노로 표출되기 전에 천사의 가면을 버려야 한다. 참된 나를 되찾아야 한다.

대학 시절 시키는 것 군소리 없이 얌전하게 하고 도와 달라고 하면 잘 도와주던 착한 아이였던 영화배우 김혜나 그녀는 사람들이 이를 고마워하기보다 이용하려고 하는 것을 보고 강의실 앞에서 이렇게 선언했다. '나 이제부터 싸가지 없어질 테다!' 라고. 그 후 그녀는 더 많은 것을 얻었다. 바로 연기자로서 다른 자아를 발견하고 개발했다는 것이다.

자, 당신도 당당하게 외쳐라. 난 착하지 않다고! 누군가의 시선과 생각에도 아랑곳없이 본성을 드러낼 때 더 매력적인 자신을 만나게 될 것이다.

연습하지 마라

어릴 적 학교 선생님이 가장 많이 내주는 숙제는 '깜지'였다. 흰 종이가 까맣게 될 정도로 영어 단어를 빽빽이 쓰는 숙제. 쓰고 또 쓰면서 지식을 체득하도록 하는 방식이었다. 그리고 선생님이 학생들을 꾸짖을 때 곧잘 예로 드는 일화는 한석봉과 그의 어머니의 이야기였다. 촛불이 꺼진 방에서 어머니는 떡을 썰고 한석봉은 글씨를 썼는데, 어머니의 떡은 가지런했고 그에 비해 한석봉의 글씨는 삐뚤빼뚤했다는 이야기. 눈을 감고도 떡을 정확하게 써는 어머니의 비결은 연습량이었으니 너희도 이와 같이 부단히 연습해야 한다고 누누이 강조했다.

이런 가르침은 학교에서만이 아니라 가정, 사회 전체에 녹아 있다. 이 연습 중시론은 운동, 음악, 미술 등 다양한 분야에서도 동일하게 적용되어 뛰어난 성과를 보여 주었다. 테니스 선수의 경우 서브, 스매싱 등을 반복적으로 훈련해 상대 선수의 움직임을 보고 공의 방향을 파악한다. 이처럼 연습의 힘은 우리의 몸을 변화시킬 만큼 강력하다.

이와 같은 연습 효과를 목도해서일까. 많은 사람들이 문제를 연습으로 해결하려고 한다. 연습하면 뭐든지 다 될 거라고 믿는다. 심지어 감정까지도. 고객에게 서비스를 제공하는 기업일수록 이 감정 연습을 필수로 여기고 있다.

친절 교육이라는 이름 아래 '고객 제일' '고객 지상'의 구호를 외치며 웃음과 성의 있는 태도를 연습한다. 이 연습의 목표는 고된 업무에도 고객을 위해 웃고 호감을 내보이는 것이다.

이제는 육체, 지식적인 면뿐만 아니라 감정도

연습하는 시대가 되었다. 미소 짓고 싶지 않은데 입 꼬리를 올려야 하고 처음 본 고객에게 "사랑합니다."라고 말해야 한다. 안 되도 되게 하라는 철칙 아래 마음에도 없는 말과 태도를 연습한다. 그리고 어느 순간 감정을 자유자재로 표출하게 된다. 탁월한 연기자로 변신하는 것이다.

가면을 쓰고 살아가면서 자신의 진짜 감정은 고갈된다. 화가 날 상황인데도 무감각해지고, 눈물이 나와야 하는 순간인데도 웃음이 나온다. 음악을 들어도 슬프거나 기쁘지가 않는다. 이 얼마나 안타까운 일인가. 어떠한 감정도 못 느끼는 인형이 되는 연습, 그만 두자.

사람이 희로애락을 가지는 것은 당연한 일이다. 기쁨을 반복적으로 훈련하는 연습 대신 자신의 감정을 유연하게 처리하는 법을 배우자. 고객의 불만에 즉각적으로 반응하기보다 한발 물러나 화를 가라앉

히는 법, 어려운 요구를 홀로 감당하기보다 직장 상
사, 동료와 같이 해결하는 법 등을 습득하는 것이 좋
다. 아니면 퇴근 후 친구들과 노래방에 가 시원하게
소리를 지르거나 코미디 영화를 보며 감정의 멍울을
풀어내자. 감정을 박제하는 연습은 던져 버리고 화
를 내라. 울어라. 마지막으로 거짓 웃음이 아닌 내면
에서 우러나오는 진짜 웃음을 지어라.

대들어라

‘대들다’라는 말은 요즘 사람들에게 부정적인 의미로 인식되고 있다. 이 말은 대부분 아랫사람이 윗사람에게 부당하게 반항한다는 뜻으로 많이 쓰인다. 그러나 ‘대들다’라는 말이 이렇게 쓰이는 것은 불의를 보고 진정으로 대드는 사람이 없기 때문은 아닐까.

사전적 의미로 ‘대들다’는 요구하거나 반항하느라고 맞서서 달려든다는 뜻이다. 점진적인 의미이다. 이 말에는 요구하다, 반항하다, 맞서다, 달려들다, 이 네 가지의 동사가 함께한다. 그러니까 ‘대들다’의 진정한 의미는 아랫사람이 윗사람에게 말이나 행동으로 대꾸를 한다는 뜻이 아니다.

예를 들어 어떤 요구를 했는데 들어주지 않는다. 그렇다면 다음 행동은 무엇이겠는가. 반항으로 이어진다. 그럼에도 불구하고 들어주지 않고 부당하게 대하면 맞서 달려들며 싸울 수밖에 없다. 지렁이도 밟으면 꿈틀하는 것처럼 말이다.

일제 식민지 시대 우리나라 국민이 일본에 대들지 않았다면 어떻게 되었을까. 민족과 문화를 말살시키려는 그들에게 대들지 않았더라면 얼마나 많은 것을 빼앗겼을까. 반항하고 맞섰던 안중근, 유관순, 윤봉길…. 그들이 없었더라면 지금 어떤 상황을 맞이했을까.

또한 이 땅에 민주주의가 정착된 것은 독재 정권을 향해 끊임없이 대들고 맞서 싸운 수많은 사람들이 있기 때문이다. 이제 '대들다' 라는 말은 조금 다른 의미로 해석되어야 한다. 진정으로 대든다는 말의 의미는 바로 부당하게 사는 사람들에게 정당함을 요구하는 것이다. 타인의 피해를 보고 나서서 도와주는 것, 자신의 이득만을 챙기지 않는 것, 불의를 바로 잡으려는 행동. 이것이 '대들다'의 본뜻이다.

그런데 요즘은 대드는 이들이 그리 많지 않다. 용기가 없어서다. 몰래 숨어서 얼굴과 이름을 감추고 떳떳하지 못하게 대드는 일종의 악플러들이 한 유형이다. 뒤에서 구시렁거리며 몸을 곧추세우는 사람들 말이다.

대들어라. 남의 물건을 빼앗아 달아나는 도둑을 위험을 무릅쓰고 쫓아가 잡는 어느 청년처럼 불의에 대들어라. 세상이 나를 알아주지 않는다고 인터넷에 악성 댓글로 도배하지 말고 독립 다큐멘터리로 청년 실업과 문제에 대해 고발했던 어느 청년처럼 사회에 대들어라.

어떤 조직이건 실패하게 되는 이유는 대들지 않

기 때문이다. 대들지 않으면 지킬 수 없다. 노예가
될 수밖에 없다. 불의와 부정 앞에 그리고 모순 앞
에 끊임없이 대들어라.

지은이 **신혜경**

이화여자대학교 졸업, 전문 번역가로 활동하고 있다. 역서로는 《사소한 것에 목숨 걸지 마라》 《흐르는 강물에서 건져올린 인생》 《이것 또한 지나가리라》 《진짜가 된 헝겊토끼》 《사람은 언제쯤 다시 숲으로 돌아갈까》 《친밀함》 《위기극복형인간》 《행복한 수고》 등이 있다.

부정하라

copyright ⓒ 2011 마음의숲

지은이 신혜경

1판 1쇄 인쇄 2011년 02월 21일 | 1판 1쇄 발행 2011년 02월 28일 | 발행인 신혜경

발행처 마음의숲 | 등록 2006년 8월 1일(105-91-03955)

주소 서울시 마포구 서교동 396-47 2~3층

전화 (02) 322-3164~5 팩스 (02) 322-3166

마음의숲 카페 cafe.naver.com/lmindbookl

기획 권대웅 | 편집 박희영, 유석천, 안은광 | 디자인 오민재 | 마케팅 신홍희, 김국현

ISBN 978-89-92783-43-9 03330

저자와 협의하여 인지를 생략합니다.

저자와 출판사의 허락 없이 내용의 일부를 인용, 발췌하는 것을 금합니다.